Dans la peau
de nos ancêtres

GUY SOLENN

Dans la peau
de nos ancêtres

ÉDITIONS FRANCE LOISIRS

Édition du Club France Loisirs,
avec l'autorisation de City Editions.

Éditions France Loisirs,
123, boulevard de Grenelle, Paris.
www.franceloisirs.com

© City Editions 2010

ISBN : 978-2-298-06047-8

SOMMAIRE

OÙ VIVAIENT NOS ANCÊTRES ?

QUI ÉTAIENT NOS ANCÊTRES ?

COMMENT VIVAIENT
NOS ANCÊTRES ?

Vivre dans la soc
de nos ancêtres

Sur les traces
de nos ancêtres

Imaginez donc que ces vestiges, ces lieux devenus sites touristiques ou reconvertis à des activités contemporaines, ces monuments et ces vieilles pierres – église, couvent, ferme, four, moulin, lavoir, bains publics –, étaient autrefois des lieux grouillants de vie.

Imaginez donc que cette France de musée, que ressuscitent brièvement tel tableau, tel daguerréotype ou tel cliché aux teintes sépia, était le cadre où se déroulait la vie de ceux qui nous ont précédés, et dont nous sommes les fils.

Ce décor d'autrefois, c'était tout leur monde. C'était tout ce qu'ils connaissaient, tout ce qui existait pour eux. D'une décennie à l'autre, tel détail changeait, telle innovation venait améliorer leur quotidien, telle guerre, telle épidémie ou telle révolution bouleversait l'ordre social. Mais sans pour autant bouleverser l'ordre des choses. Entre le jour de leur naissance et celui de leur mort, presque rien n'avait changé.

À partir de la fin du XVIIIe siècle, et surtout du XIXe siècle, l'ère industrielle est venue bouleverser un univers que des dizaines de générations avaient à peine fait évoluer. En quelques décennies, tout fut transfiguré. Le monde qui est le nôtre était en train d'éclore, pour le meilleur et pour le pire. Nous vivons désormais dans un environnement que nos ancêtres n'auraient jamais osé imaginer. Nous vivons dans le futur !

Avec ce livre, nous vous proposons une plongée au cœur du quotidien de ces gens simples, travailleurs, superstitieux. Où vivaient-ils ? Que mangeaient-ils ? Que croyaient-ils ?

À travers une foule de détails qui parleront peut-être mieux que les chronologies des livres d'histoire, nous vous invitons ici à mieux les connaître, et espérons offrir à votre imagination matière à rêver, à reconstituer, à comprendre, aussi bien ce que fut notre passé, que ce que pourrait être notre avenir.

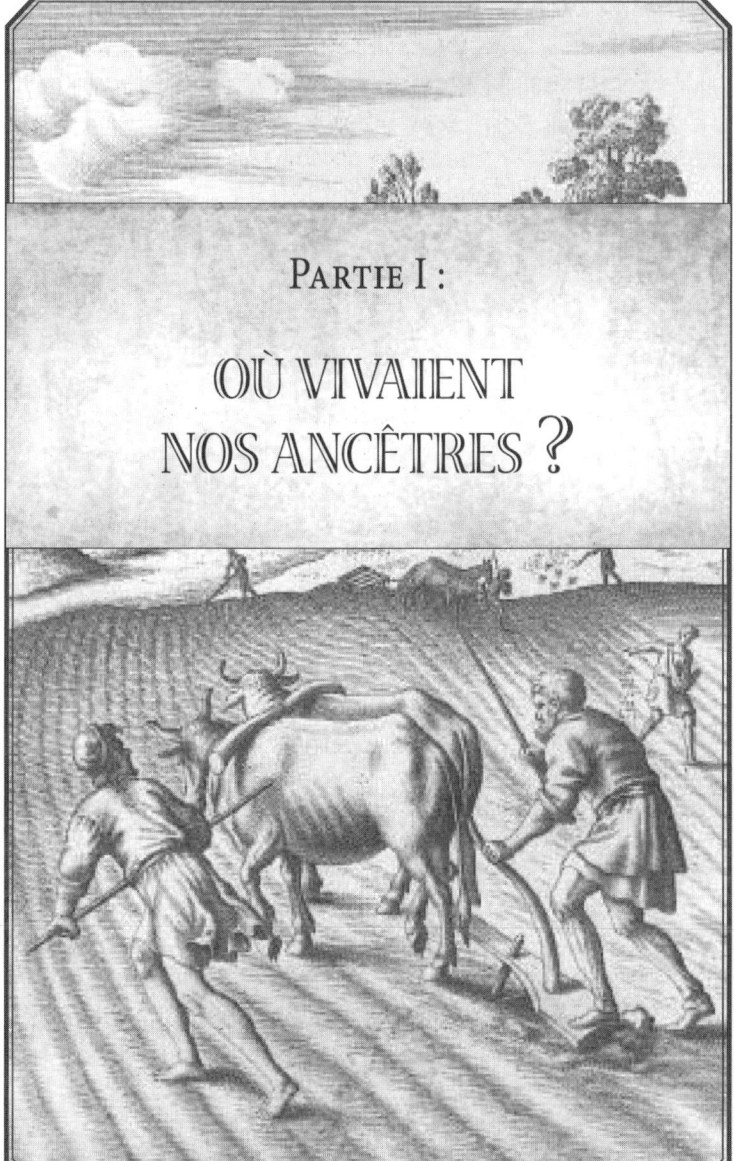

PARTIE I :

OÙ VIVAIENT NOS ANCÊTRES ?

Dans la fournaise
des villes

Des villes sales, polluées, chères, embouteillées : ça ne date pas d'hier !

Enserrées entre les murailles qui les protègent, les villes fortifiées sont insalubres, leurs rues sont étroites, sombres, et comme elles sont dépourvues d'égouts, les ordures s'y amoncellent. La ville médiévale est grouillante, remplie d'une activité effrénée. Marchands ambulants, colporteurs, crieurs publics, artisans, une profusion de gens travaillent dans la rue, d'autres passent, vont et viennent, des animaux circulent. La délinquance et la prostitution sont déjà omniprésentes, elles sont partout dans la ville, aux abords des tavernes et des maisons closes. Le bruit est assourdissant, les tentations nombreuses, la circulation intense au point que les rues sont fréquemment embouteillées ! Au Moyen Âge déjà, coches, fardiers, fiacres, tombereaux, charrettes et brouettes saturent les rues, donnant lieu aux insultes et aux empoignades que l'on connaît si bien de nos jours.

Le coût élevé de l'immobilier n'est pas non plus un problème nouveau. Dès le XIVe siècle, Paris connaît des flambées des prix des logements. Le minimum vital, c'est-à-dire mettre un toit sur sa tête, paraît déjà un luxe, et l'on s'entasse dans des logis minuscules que l'on paye à la semaine. Comme on le voit, ça fait un moment que ça dure. La principale différence entre le Moyen Âge et aujourd'hui réside probablement dans le fait qu'autrefois, les propriétaires étaient rarement des particuliers, mais souvent des abbayes et des couvents...

DES VILLES ENFERMÉES ENTRE QUATRE MURS

Le bourg fortifié est né au Moyen Âge, sous la pression des pillards et des brigands qui terrorisaient les provinces. Les hameaux ont élevé des palissades pour se protéger, et celles-ci sont devenues remparts. Les entrées des bourgs sont bien gardées et les fortifications se doublent souvent d'un cours d'eau que ne franchissent que de rares ponts.

Ainsi protégées, les villes acquièrent puissance et richesse. Très vite, elles débordent des enceintes où elles ne tardent pas à étouffer.

Les faubourgs, à l'extérieur des murailles, finissent par être annexés par la ville, comme ce fut le cas à Paris, qui déborda de cinq à six enceintes successives depuis l'époque médiévale jusqu'à la destruction progressive des célèbres *fortifs* à partir de 1919.

Lorsque le problème de la sécurité des villes, crucial au Moyen Âge, a peu à peu disparu, celles-ci n'en sont pas moins demeurées enfermées dans des murailles. Car il s'agit alors de contrôler la circulation des marchandises et de percevoir des droits de douane. Une situation qui perdurera un peu partout jusqu'à la Seconde Guerre mondiale.

LES MAISONS : ET DIRE QU'AUJOURD'HUI, ON SE SENT À L'ÉTROIT !

Imaginez-vous une ville sans avenues, sans boulevards, où seules quelques places et esplanades ménagent des percées dans un enchevêtrement de ruelles si étroites que deux attelages ne peuvent pas toujours s'y croiser. La ville médiévale est un lacis de venelles sombres, sales et souvent inquiétantes. Entassées, serrées, pressées, les maisons sont étroites et bâties en hauteur. C'est qu'il s'agit – déjà à l'époque ! – de gagner de la surface. D'où le nombre important de maisons *à encorbellement*

13

ou *à pignon*, dont la façade s'avance au-dessus de la rue, laquelle en est encore plus assombrie.

Jusqu'aux XVe et XVIe siècles, la construction en pierre est réservée aux édifices religieux ou publics, ou aux demeures des aristocrates.

Les maisons où s'entasse la populace, elles, sont construites en bois et torchis. D'où la fréquence des incendies, qui parfois dévastent des villes entières avant d'être maîtrisés.

Comme à la campagne, les fenêtres sont rares et étroites, et rarement garnies de vitres, mais plutôt de volets ou de parchemin huilé. À partir des XIIe et XIIIe siècles, les toits se couvrent de tuiles plates de terre cuite ou d'ardoise. Une avancée architecturale considérable : la tuile permet de construire des toits plus complexes, dotés de tourelles ou de lucarnes.

Les XVe et XVIe siècles verront le développement des constructions en dur et la généralisation des vitres aux fenêtres. Bien entendu, les hiérarchies sociales s'expriment à plein dans l'habitat urbain.

Avant l'ère de la ségrégation géographique, la ségrégation est verticale : les familles les plus aisées s'installent dans les étages bas des maisons, les plus hauts de plafond et les plus faciles d'accès.

À l'ère industrielle, grands bourgeois, petit-bourgeois et ouvriers ne vivent plus dans les mêmes quartiers. Et bien entendu, leurs habitats ne se ressemblent guère. Aux grands bourgeois les immeubles cossus, d'aspect vaste, aux étages hauts de plafond et aux pièces multiples.

Les plus luxueux de ces immeubles sont pourvus de statues décoratives, de balcons et d'une vaste porte cochère permettant de faire entrer un fiacre dans la cour. La petite bourgeoisie (employés, commerçants, artisans) habite des immeubles moins cossus, plus étroits. On la retrouve dans les *immeubles de rapport* dont Paris s'est couvert à partir de la Restauration, et surtout pendant la période haussmannienne. Mais les classes les plus défavorisées, elles, continuent de s'entasser dans des taudis sans confort, où la promiscuité est la règle.

Bien entendu, l'intérieur de ces galetas est parfaitement dépouillé et dénué de tout agrément. En revanche, les maisons de riches sont devenues confortables : tapis, murs capitonnés ou couverts de papier peint, bibliothèques, bibelots, napperons…

Le raccordement au gaz, à l'eau courante, puis à l'électricité se généralise au tournant du XXᵉ siècle (au XIXᵉ siècle, l'électricité est réservée à l'éclairage public et à des lieux spécifiques comme les grands magasins). Cependant, salles de bains et lieux d'aisance individuels resteront longtemps, et pour la grande majorité de la population, un luxe et une rareté.

Les villes enrichies achètent leur indépendance

Au début de l'époque féodale, les villes sont peu nombreuses et peu peuplées. La population se compose essentiellement de paysans qui cultivent la terre. À partir du XIe siècle, les villes commencent à se développer et à s'animer. Les commerçants s'y rassemblent en corps de métiers. Les artisans y forment leurs successeurs, les compagnons. Le commerce se développe et de grandes foires se tiennent. Puissantes et riches, certaines villes finissent par contester la toute-puissance du seigneur local sur leur destin. Certaines finiront par lui acheter leur indépendance. Ainsi, elles pourront organiser elles-mêmes leurs lois, leur économie et leur sécurité.

LES FAUBOURGS ET LES BANLIEUES : UNE HISTOIRE QUI COMMENCE AU MOYEN ÂGE

L'urbanisation rampante du pourtour des villes ne date pas d'hier. On pourrait même dire que la périurbanisation était plus visible au Moyen Âge qu'elle ne l'est aujourd'hui. Car les villes médiévales étaient entourées d'épais remparts qui créaient une délimitation très nette entre ce qui appartenait au bourg et ce qui était *fors* le bourg, c'est-à-dire à l'extérieur. Pourtant, les *faubourgs* n'avaient de cesse de se développer. C'était un tissu mi-urbain, mi-agricole, qui se greffait sur la ville parce qu'il l'alimentait : certains agriculteurs vivant en ville avaient leurs champs à l'extérieur, et toute une population d'artisans, de vachers et de chevriers établis dans le faubourg avaient pour clientèle la population du bourg.

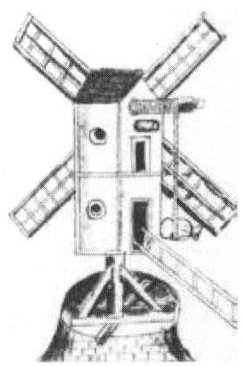

Les teintureries et tanneries, les moulins, étaient installés sur le cours d'eau qui passait au pied des murailles, et des abbayes s'établissaient à proximité de la cité.

Avec le temps, la plupart des faubourgs ont été annexés par les villes.

C'est ainsi que le faubourg Montmartre, le faubourg Saint-Antoine ou le faubourg Saint-Honoré sont devenus des quartiers de Paris.

La banlieue au temps des villes fortifiées

Au Moyen Âge, le terme de *banlieue* existait déjà. Il désignait une zone large d'une lieue, entourant la ville fortifiée, sur laquelle celle-ci possédait un *droit de ban*, c'est-à-dire la possibilité de légiférer. La banlieue, c'était donc cette bande d'une lieue de largeur qui dépendait de l'administration de la ville. Le terme s'étant perdu, ce fut longtemps le mot *faubourg* qu'on employa pour désigner la périurbanisation des villes. Le mot *banlieue*, lui, est réapparu au XIXe siècle, et a peu à peu supplanté le mot *faubourg*, que le temps a souvent incorporé aux villes intra-muros.

QUAND LES VILLES N'AVAIENT PAS D'ÉGOUTS...

Au Moyen Âge, dans les villes françaises, les rues sont étroites, sombres... et puantes ! À Paris, certains quartiers seront pourvus de grandes dalles, appelées *carreaux*, à partir du XIIIe siècle. Mais la plupart des voies restent couvertes de terre battue et toutes sont dépourvues d'égouts. Une sorte de tranchée court au milieu de la rue afin de permettre la circulation des eaux usées. De part et d'autre de ce *ruisseau*, les bords remontent vers les murs des maisons.

Faute d'égouts et même d'eau courante, les gens ne se gênent pas pour se soulager n'importe où dans la rue, ou vider leur pot de chambre par la fenêtre, en prenant soin de crier « À l'eau !» pour éviter aux passants d'en prendre le contenu sur la tête...

Ajoutez à cela les déchets, abandonnés partout, les flots de sang que bouchers et rôtissiers déversent directement dans la rue (à la fin du XVIIIe siècle, ce ne sont pas moins de cent mille bœufs qui sont abattus à Paris chaque année), ainsi que les déjections animales.

Car les chevaux et les ânes qui tirent des attelages, sèment partout leur crottin. Chèvres, volailles et cochons circulent librement dans les rues et les souillent de leurs excréments. Les habitants élèvent même des poules chez eux, si bien que les autorités seront amenées à légiférer sur la question !

Certains quartiers ont longtemps disposé d'étables où l'on pouvait venir chercher son lait – la dernière étable parisienne n'a fermé ses portes qu'en 1925.

Tout cela exhale des relents pestilentiels, auxquels s'ajoute l'odeur repoussante des tanneries et des teintureries, et parfois, les exhalaisons nocives émanant des cimetières. Pas étonnant, dès lors, que les femmes aient pris l'habitude de sortir munies d'un bouquet de fleurs dans lequel elles fourrent leur nez pour protéger leurs narines, pourtant moins délicates que les nôtres, de cette agression olfactive permanente !

Le cimetière des Innocents fermé pour cause de puanteur !

En fonction depuis l'Antiquité, le cimetière des Innocents posait au XVIIIe siècle un véritable problème sanitaire à la ville de Paris car il s'en exhalait des relents pestilentiels et malsains... D'autant plus malsains que quelques rues plus loin, se trouvait le plus grand marché de la capitale, les fameuses Halles de Paris. En 1775, les inhumations y furent interdites, et en 1786, il fut complètement vidé de ses ossements qui furent déplacés dans le faubourg de la Tombe-Issoire, un quartier désormais annexé à Paris. À l'emplacement de l'ancien cimetière puant, un marché s'est depuis installé : un marché aux fleurs...

BARILS D'AISANCE ET VESPASIENNES : QUAND PARIS TENTAIT DE S'ASSAINIR

À la fin du XVIIIe siècle, les autorités parisiennes firent installer dans les rues de la capitale des *barils d'aisance*, destinés à inciter les Parisiens à cesser de faire leurs besoins n'importe où. Par la suite, le tout-à-l'égout permit à chacun de s'isoler au *petit coin* pour s'y soulager, sans pour autant empuantir la rue. Hélas, l'habitude de faire pipi un peu partout sans se gêner perdura (d'ailleurs, en ce début de XXIe siècle, elle n'est pas tout à fait passée…).

C'est pourquoi, en 1834, les premières *vespasiennes* sont installées à Paris. Il s'agit d'un système d'urinoirs publics pour hommes, équipés de cloisons, afin que chacun puisse y faire la petite commission en toute tranquillité.

Les vespasiennes tirent leur nom de l'empereur romain du premier siècle, Vespasien, qui avait décidé de taxer la collecte d'urine – l'urine humaine, qui contient de l'ammoniac, était réemployée par les teinturiers, ce qui fut également le cas dans la France médiévale.

Les vespasiennes, autrefois, c'était tout un symbole, car elles évoquaient les rencontres discrètes entre homosexuels et servirent durant la Seconde Guerre mondiale la cause des Résistants qui s'y donnaient rendez-vous pour échanger des informations.

Les dames, quant à elles, durent patienter jusqu'aux années 1980 pour que les toilettes publiques soient adaptées afin qu'elles puissent les utiliser.

La poubelle, une invention récente...

En 1884, le préfet Eugène Poubelle impose aux Parisiens l'utilisation de ce récipient qui prendra son nom : la poubelle. 1884, seulement ? C'est qu'autrefois, rien ne se perdait et tout se transformait. Nos ancêtres paysans ne jetaient rien, ils étaient sans le savoir de grands écologistes, adeptes du recyclage à 100 %. Le moindre bout de métal trouvait un emploi astucieux et les déchets organiques allaient sur le tas  de fumier. Les objets, même hors d'usage, étaient stockés dans les greniers, transmis de génération en génération. On recyclait alors jusqu'au purin des cochons, au crottin des chevaux étalé sur la voie publique, et aux déjections humaines, qui étaient épandues dans les champs, tandis que l'urine était utilisée par les teinturiers...

Bien sûr, c'est dans les villes que la notion de déchets est apparue. Longtemps, leur collecte ne fut pas organisée, et les immondices s'entassaient dans les rues, qu'elles empuantissaient. C'est pourquoi en 1884, imposer l'utilisation de la poubelle était déjà un grand pas en avant...

Petite histoire des sapeurs-pompiers

Nos fiers soldats du feu ont une très longue histoire. On trouve des traces de lutte organisée contre les incendies en Égypte ancienne et à Rome. Cette dernière dut affronter plusieurs désastres, comme cet incendie

survenu en l'an 64, qui détruisit plus des deux tiers de la ville, et que l'empereur Néron fut soupçonné d'avoir allumé lui-même.

Face à la menace, Rome s'est organisée et de nombreuses innovations lui ont permis d'améliorer sa lutte contre le feu. La ville disposait de brigades de pompiers chargés d'éteindre les foyers d'incendies grâce à des seaux d'eau. Ils ont également utilisé les premières pompes et même des catapultes, qui leur servaient à détruire des maisons pour circonscrire les feux et les empêcher de s'étendre.

Au Moyen Âge, les villes européennes, constituées de maisons en bois, ont souvent été ravagées par des incendies meurtriers. Il faut néanmoins attendre 1672 pour qu'un Hollandais invente le premier tuyau d'incendie, composé de sections de tubes de cuir raccordées entre elles par du laiton.

C'est à Londres, qui fut souvent la proie des flammes, que fut mise au point la première pompe à incendie, en 1725. Il s'agissait d'une espèce de chariot rempli d'eau, tracté par des chevaux jusqu'au lieu du sinistre. Une équipe de plusieurs hommes l'actionnait et l'engin pouvait propulser de l'eau jusqu'à quarante mètres de haut, avec un débit d'une douzaine de litres par seconde.

En France, Napoléon Ier crée, en 1811, le premier corps professionnel de sapeurs-pompiers. La seconde moitié du XIXe siècle verra l'invention du camion de pompiers tracté par des chevaux.

Au début du XXe siècle, les pompes à vapeur seront remplacées par des pompes à moteur à combustion interne. Petit à petit, le moteur à explosion remplacera les chevaux : le camion de pompiers rouge, avec sa grande échelle et ses sirènes, est désormais l'emblème de la profession.

Au temps où les ponts étaient habités

Enfermée dans ses murailles, la ville médiévale a déjà un problème de place, si bien que ses rues sont étroites et que partout, les constructions se chevauchent et se resserrent. Au Moyen Âge, même les ponts enjambant fleuves et rivières sont habités ! Ils sont couverts de maisons, d'ateliers et de commerces et leur tablier abrite de nombreuses activités, comme des moulins ou des lavoirs, qui ne laissent la plupart du temps qu'une seule arche libre pour la navigation.

C'est pourquoi les ponts menacent constamment de s'effondrer. Catastrophe qui ne manquera pas d'arriver à Paris, où l'occupation des ponts enjambant la Seine a pris des proportions délirantes. Le 1er mars 1658, en pleine nuit, la Seine en crue emporte deux arches du pont Marie ainsi que les vingt maisons qui les occupent, causant la mort d'une soixantaine de personnes. En 1769, la décision sera prise de détruire toutes les constructions occupant les ponts de la capitale.

QUAND LES VILLES N'AVAIENT PAS D'ÉCLAIRAGE PUBLIC

Imaginez une ville sans lampadaires ni réverbères électriques. Dès que la nuit tombe, l'ombre envahit les rues. Lorsque les commerçants n'accrochent pas une lanterne devant la porte de leur échoppe, rien ne vient percer les ténèbres et des quartiers entiers sont plongés dans le noir.

C'est alors le règne des bandits et autres *coquillards*, qui assassinent les passants pour les détrousser ou se livrent à des pillages organisés.

À Paris, en 1662, l'abbé Laudati fait créer des stations de porte-flambeaux et porte-lanternes pour escorter les gens dans leurs déplacements nocturnes.

Sous le règne de Louis XIV, la capitale s'équipe de lanternes suspendues au milieu des rues ou fixées aux murs des maisons. Grâce à des réflecteurs en métal, l'éclairage est rabattu vers le sol, et une petite cage en verre évite que la lanterne ne soit soufflée par le vent et les intempéries.

Au milieu du XVIIIe siècle, la capitale compte près de six mille de ces lanternes. Mais ces dispositifs à huile sont opaques et coûteux, et en plus dégagent une odeur nauséabonde.

Ils seront améliorés à la fin du XVIIIe siècle par un apothicaire parisien du nom de Quinquet, qui donnera son nom à la lampe à huile qu'il a mise au point.

Au XIXe siècle, l'éclairage au gaz se répand progressivement dans les grandes villes comme Lille ou Paris. Dans la capitale, ce sont plus de 8 500 becs de gaz qui sont implantés. Ces becs doivent être allumés et éteints tous les jours.

C'est la grande époque des allumeurs de réverbères, qui se promènent avec une griffe (servant à ouvrir le robinet de gaz) et une lampe à alcool. Au siècle suivant, l'électricité relègue dans le passé becs de gaz et allumeurs de réverbères.

Dans beaucoup de bourgs de campagne et de villages, il faudra toutefois attendre la seconde moitié du XX siècle pour que l'éclairage public soit installé.

Des dédales où les rues n'ont ni nom ni numéro

Dans la ville du Moyen Âge, les voies ne sont pas numérotées. Pire, elles ne portent généralement pas de nom, à moins qu'elles ne desservent un lieu caractéristique, auquel cas l'usage leur fait adopter un nom fonctionnel : rue de l'église, rue des tanneurs, place du marché...

Comment s'y retrouver dans un dédale de ruelles ne portant ni noms, ni numéros ? Eh bien, on se repérait soit grâce aux églises, ponts et autres monuments, soit grâce aux enseignes en fer forgé des commerçants et artisans, qui faisaient, dans la ville d'autrefois, office de signalétique publique.

À Paris, il faudra attendre le XVIIIe siècle et le règne de Louis XVI pour qu'un système de numérotation des voies soit mis au point. Mais le système aujourd'hui en vigueur dans la capitale a été élaboré sous le règne de Napoléon Ier.

TOUS PAYSANS
OU PRESQUE

LE ROYAUME DES CHAMPS

Imaginez qu'au début du XVIIIe siècle, la France ne comptait qu'environ 23 millions d'âmes ! On est loin des 63 millions d'habitants qui peuplent actuellement la France métropolitaine. Mais c'est déjà beaucoup, quand on songe qu'en l'an 1400, notre territoire n'était peuplé que de 12 millions d'individus, et de seulement 7 millions à l'aube de notre ère !

Une population qui, jusqu'à l'époque industrielle, à partir de la fin du XVIIIe siècle, restera presque entièrement rurale. C'est que la ville du Moyen Âge n'a rien à voir avec la mégapole d'aujourd'hui : c'est un petit bourg qui n'attire qu'une immigration minime et dont la population s'avère bien moins féconde que celle des campagnes.

Les progrès de la médecine et de l'hygiène vont peu à peu faire régresser la mortalité, en particulier infantile, et les campagnes vont se retrouver en état de saturation démographique.

Les champs n'offrant plus assez de travail, de plus en plus de paysans sans terre et sans gagne-pain vont se diriger vers les villes, où les ateliers et les usines de l'ère du charbon, de l'acier et de l'industrie textile vont les accueillir et les employer.

Dans les régions minières et industrielles, des agglomérations connaissent une expansion fulgurante et rassemblent en un rien de temps de gigantesques populations ouvrières, c'est pourquoi on les appelle *villes-champignons*.

L'urbanisation accélérée du pays va littéralement transformer la population française : si au tournant de 1700, la France est à plus de 80 % rurale, la proportion s'est depuis lors complètement inversée, puisqu'à l'aube du XXIe siècle, le taux d'urbanisation français est de 80 %. Pourtant, on ne peut véritablement parler d'exode rural que dans la seconde moitié du XXe siècle, quand l'émigration vers les villes combinée à la faible fécondité des régions rurales et au vieillissement de leur population provoque littéralement leur dépeuplement. Pour que la population des villes atteigne le même niveau que celle des campagnes, il aura néanmoins fallu attendre l'entre-deux-guerres. Ainsi, dans les années 1930, la France était encore à moitié rurale.

À L'OMBRE DES CHÂTEAUX

Souvent bâti à flanc de montagne, le château fort, avec ses donjons, ses murailles coiffées de créneaux et percées de meurtrières, ses douves, son pont-levis et sa porte protégée par une herse, domine les campagnes de la France féodale. Il abrite la vie du seigneur qui règne sur sa seigneurie et sur les paysans qui la peuplent. Les guerres incessantes, les invasions et les hordes de pillards qui mettent la campagne à feu et à sang ont conduit les seigneurs les plus puissants à bâtir des forteresses imprenables où leurs gens peuvent se retrancher en cas d'attaque. Souvent, les paysans participent à la construction de l'édifice. En cas de guerre, c'est du château et de ses chevaliers que viendra le salut.

Tous les châteaux ne sont cependant pas des châteaux forts. Les plus modestes sont en réalité de grosses demeures.

Même petit, le château rayonne sur la campagne qui l'entoure. Qu'il soit seigneur à l'époque féodale, noble ou bourgeois sous l'Ancien Régime et plus tard, c'est toujours le châtelain qui possède les terres. Le vilain, lui, ne possède rien. Il appartient plus à la terre que la terre ne lui appartient. Même à l'issue de l'époque médiévale, qu'il soit métayer ou fermier (c'est-à-dire qu'il paye ses termes en nature ou en argent), le cultivateur demeure locataire, et non propriétaire, du lopin qu'il exploite.

C'est pourquoi, bien qu'ils ne partagent pas le même mode de vie, châtelains et paysans vivent en relation étroite. Chaque dimanche, ils se rencontrent à la messe, et le paysan se rend fréquemment au château pour demander conseil au châtelain ou obtenir de l'aide, par exemple pour écrire une lettre ou faire soigner une bête ou un enfant malade.

C'est par le château que la modernité arrive dans les petites communes campagnardes : électricité, installations sanitaires, le château sera toujours le premier à en être équipé. Parfois, les châtelains font bénéficier toute la population de la paroisse d'un équipement qu'ils sont les seuls à pouvoir s'offrir. Ainsi, pendant plusieurs décennies, on viendra frapper à la porte du château quand on aura besoin de contacter par téléphone un parent vivant loin, un médecin ou un vétérinaire.

À VOTRE SERVICE !

Dans le château, on ne trouve pas que la famille du châtelain. Grand ou petit, habité par des nobles ou des bourgeois, il renferme un vivier d'emplois susceptible de croître ou de se resserrer selon les périodes de prospérité ou de marasme.

Les châtelains au train de vie restreint n'emploient qu'une simple bonne, mais d'autres rassemblent une domesticité importante : femme de charge, femmes de chambre, jardiniers, cuisiniers, pale-frenier et garçon d'écurie, cocher ou, plus tard, chauffeur-mécanicien, valets, lingères, maître d'hôtel, nourrice…

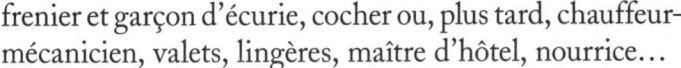

Mais parmi toutes ces fonctions, le personnage clé est le régisseur. Il administre les propriétés des châtelains et se charge de la collecte des loyers et redevances auprès des métayers ; il vise la promotion sociale et se rêve châtelain à son tour dans le futur.

Car il bénéficie de la confiance des propriétaires, qui parfois n'hésiteront pas à lui donner leur fille en mariage. Au fil du temps, il parvient à s'enrichir, parfois aux dépens de ses employeurs.

Un jour, un revers de fortune fait découvrir aux châtelains qu'ils sont ruinés : c'est alors que le régisseur se sert du pactole qu'il a amassé en secret pour racheter terres et propriétés.

Beaucoup d'emplois dépendent de la probité de ce personnage, dont les villageois se méfient comme de la peste.

Une ville de dingues

Quand les villes n'étaient que des bourgs minuscules, déjà le paysan s'en méfiait, autant qu'il y était attiré. Et déjà, les citadins, feignant d'oublier leurs racines campagnardes, s'empressaient de le prendre pour un nigaud, lorsqu'il venait à passer en ville à l'occasion d'une foire ou d'une visite.

Imaginez la stupeur du campagnard habitué au silence et aux espaces vides, entrant dans cette fournaise dont les habitants ont tôt fait de le remarquer ! Sans repères, déboussolé par le bruit, l'activité incessante, y compris la nuit, les cris des marchands, les richesses qui s'étalent, les odeurs qui se mélangent, entrer en ville est toujours pour lui source de grandes émotions.

Car la ville est un lieu dangereux, agressif, mais aussi celui de toutes les tentations et de toutes les convoitises. C'est ici que des richesses se forment, que des aventures incroyables se produisent. Dans les rues mal famées, les lieux de perdition se multiplient : des marchands de vin où l'on s'ivrogne aux lanternes rouges signalant les lieux de plaisir, la ville est comme un chaudron infernal.

La forêt condamnée à mort

Savez-vous qu'au début de notre ère, la France n'était qu'une vaste forêt ? Elle était si dense et si dévorante que durant tout le Moyen Âge, les hommes se sont battus contre elle afin d'étendre les terres cultivables. Mais abattre les arbres ne suffisait pas : il fallait aussi empêcher la forêt de reprendre le dessus et de dévorer les champs.

Dans les périodes fastes, la population se multipliait et de grandes campagnes de défrichement étaient organisées. Mais quand guerres et fléaux survenaient, une partie des terres cultivées étaient laissées à l'abandon, et la forêt regagnait du terrain. À la fin du Moyen Âge, la guerre de Cent Ans, la peste et la famine ravagèrent coup sur coup le pays ; après ce siècle de malheurs, bien que la France eût perdu 40 % de sa population, une campagne massive de défrichement fut nécessaire pour faire face aux besoins suscités par le renouveau démographique.

Mais au fil du temps, ce n'est plus pour étendre les terres cultivables qu'on abat des arbres. Le bois sert à tout : aussi bien à se chauffer qu'à construire meubles, maisons, charrettes, bateaux.

Les bûcherons abattent à tour de bras afin de satisfaire une demande croissante. Au fil du temps, le défrichement se transforme en déforestation.

Dès le XVIIe siècle, Colbert ordonne la plantation de forêts destinées exclusivement à la construction de navires. Mais les quantités de bois absorbées par les activités humaines sont telles que l'écosystème forestier continue de se dégrader. On va chercher les arbres jusque sur les flancs des montagnes. En 1850, la forêt a quasiment disparu : elle ne couvre plus tout à fait 15 % du territoire français ! Une réglementation sévère ainsi que des campagnes de reboisement, notamment sous le Second Empire, permettront de la sauver in extremis, et d'éviter que le pays ne devienne un désert.

Le supermarché des forêts

Autrefois, la forêt n'était pas ce lieu de promenade agréable ou l'on va se ressourcer et se livrer à des activités de loisirs. Avant l'Accrobranches et le parcours Vita, la forêt était une véritable ressource, que nos arrière-grands-parents parcouraient pour s'y procurer des tas de choses utiles qu'ils y trouvaient en abondance. Bois mort pour le chauffage et la cuisson, fruits rouges, plantes aromatiques et curatives, herbes destinées à nourrir les animaux, mousses utiles pour en faire des paillasses, charbon de bois, on trouve de tout dans la forêt. Ce qui en fait un lieu vivant où l'on rencontre bûcherons, scieurs de long et chasseurs (ou contrebandiers, lorsque la chasse était un privilège seigneurial). Un lieu habité, également, par de nombreux artisans qui y ont élu domicile ou y ont installé une cabane destinée à abriter certaines de leurs activités.

Le terroir, et puis c'est tout !

Nos ancêtres sont littéralement attachés à leur terre, occupés par le labeur des champs, assujettis à leur seigneur, ouailles dociles de leur curé. Ils parlent un patois local et ignorent tout de ce qui se passe dans la vallée voisine. Ils n'ont aucune conscience nationale.

Beaucoup ne connaissent pas le nom du roi, et certains même ignorent qu'il y en a un ! Les guerres aux enjeux complexes, comme la guerre de Cent Ans, leur échappent complètement : ils se contentent de subir les attaques, au même titre que les autres fléaux, comme la disette ou les épidémies.

Ils ne se sentent pas français, et ne savent même pas ce qu'est la France. Ils se contentent d'appartenir à leur terroir et à leur seigneur, et les enjeux locaux suffisent largement à occuper leurs esprits et leurs vies.

La plupart d'entre eux ne s'aventurent jamais au-delà des limites de la seigneurie. Tout ce dont ils peuvent avoir besoin, ils le trouvent sur place.

De plus, ils appartiennent à leur seigneur, et celui-ci a tous les droits sur eux, y compris celui de les vendre avec la terre qu'ils cultivent.

Les loyers et redevances étant la plupart du temps trop élevés, certains serfs sont tentés de s'évader, mais cela leur est impossible. D'abord parce que ils perdraient la parcelle dont ils ont l'usufruit, sans avoir la possibilité d'en obtenir une autre ailleurs. Ensuite, parce que ceux qui fuient s'exposent à de sévères représailles. Si ses hommes parviennent à leur mettre la main au collet, le seigneur a droit de vie et de mort sur eux, et ses châtiments peuvent être terribles : fouet, membre tranché, pendaison... De quoi rester sagement sur son lopin.

Vous faites quoi dans la vie ?

Depuis les temps les plus reculés, une hiérarchie entre les différents métiers s'est imposée à tous. Une hiérarchie qui, autrefois, n'avait pas grand-chose à voir avec les questions de revenus.

Au village, ce qui détermine quel métier est le plus valorisant, c'est d'abord l'importance qu'il revêt pour la collectivité : personne ne peut, par exemple, se fabriquer d'outils sans faire appel au forgeron, ni moudre son grain sans l'intervention du meunier. La position d'un homme et de sa famille est aussi fonction de la position stratégique qu'il occupe dans la communauté : le fait qu'il fréquente tout le monde, que toutes les nouvelles passent par lui, qu'il puisse intervenir dans toute entreprise et mettre son grain de sel dans toute transaction, comme c'est le cas de l'aubergiste, fait de lui un notable.

Certains emplois sont plus valorisants que d'autres : les charpentiers et les menuisiers, qui doivent faire preuve de force et de vigueur, sont socialement supérieurs aux tailleurs ou aux cordonniers, réputés chétifs. D'autres métiers, pour utiles qu'ils soient, traînent une mauvaise réputation, souvent liée à des croyances ancestrales. Ainsi, les métiers du bois (bûcherons et charbonniers) sont traditionnellement soupçonnés de sorcellerie, et les forgerons, qui manient le feu et dont l'atelier est installé à l'écart du village, d'accointances avec le diable.

Certains n'ont que leur force à vendre. Ce sont les manœuvriers et autres brassiers, terrassiers, et ouvriers agricoles qui se louent à la journée ou à la semaine. Pour trouver du travail, ils se rendent à une foire aux petits boulots, la *louée*, qui se tient une à deux fois par an. La louée n'est pas qu'un marché du travail, c'est aussi l'occasion d'une grande fête populaire, avec bals et attractions. Ce jour-là, bien souvent, même ceux qui ont un emploi ont droit à un congé. Ceux qui cherchent du travail se signalent aux éventuels employeurs par des codes, quelque détail vestimentaire qui indique leur spécialité à ceux que cela pourrait intéresser.

Un homme ne décide pas de son métier. Car le savoir-faire se transmet de père en fils, en même temps que l'atelier et les outils. C'est ainsi qu'autrefois, il se constituait de véritables dynasties de vignerons, de forgerons ou de rôtisseurs, et même… de bourreaux ! À Paris, ce sont les membres d'une même famille, les Sanson, qui officièrent comme bourreaux entre 1688 et 1847 !

Avec l'exode rural, à partir du XIXe siècle, les spécialisations vont devenir non plus familiales mais régionales. Ainsi, dans la capitale, chacun finit par avoir son étiquette : de la nourrice morvandelle au ramoneur savoyard, sans oublier le cafetier ou le porteur d'eau auvergnat ni le chauffeur corrézien…

Un métier à part : religieux

Le clergé représente l'un des trois ordres de l'Ancien Régime. Tout comme la noblesse, le clergé se nourrit du travail du tiers état. Un ordre omniprésent que l'on croise partout et à tout moment.

Car entre les prieurés, les abbayes et autres couvents, et les diverses obédiences (franciscains, augustins, carmes, dominicains, jésuites…), moines et religieux sont très nombreux et participaient activement à la vie communautaire. Rendez-vous compte : pour la seule année 1830, plus de 2 300 ordinations sont effectuées, contre moins de 100 par an à la fin du XXe siècle. Les prêtres et les curés sont les religieux qui partagent le plus la vie des paysans et de la communauté villageoise. Mais ils ne sont pas les seuls hommes d'Église : clercs, diacres, sous-diacres, vicaires et sacristains pullulent.

Il faut leur ajouter la population qui, sans appartenir à proprement parler au clergé, gravite autour des églises et en tire sa subsistance : bedeaux, chantres, gardes suisses, chapelains… Sans compter les bonnes sœurs, présentes dans toutes les œuvres de charité, arpentant les rues aux abords des couvents.

Même la forêt et la montagne sont peuplées d'hommes de religion, ermites rassemblés dans des ermitages ou vivant dans la solitude les vœux qu'ils ont prononcés.

❧

PARTIE II :

QUI ÉTAIENT NOS ANCÊTRES ?

DE TEMPS
EN TEMPS

La vie quotidienne de nos aïeux était rythmée par l'église et ses cloches. C'est le calendrier religieux qui fixe les jours de fête, de travail, de pénitence, et ce sont les cloches de l'église qui segmentent les journées. Le village se masse autour de son clocher, qu'il domine, et qui lui sert de repère.

La vie paroissiale règle tout : messe le dimanche, vêpres, prières, processions, jeûnes, noces et enterrements. C'est qu'il n'y a ni télé ni jeux vidéo ! On ne lit pas de livres, et les journaux, apparus au XVIIe siècle, ne se développeront guère avant la fin du siècle suivant. D'ailleurs, en-dehors du curé, presque personne ne sait lire !

Aussi, dans les campagnes, même si l'on ne comprend pas toujours à quoi tiennent certains rites, certaines fêtes surchargées de codes et de rituels, on s'y adonne quand même avec plaisir. Ce sont les seules distractions qui permettent de s'évader du dur labeur quotidien.

Au calendrier religieux s'ajoute la litanie des naissances et des décès. L'enfantement occupe presque la vie tout entière des femmes. Il ne se passe pas une semaine sans qu'une chaumière du hameau n'accueille de nouveau-né. Mais la mort, aussi, vient fréquemment visiter les maisons. À tel point que dans certaines régions, plus personne ne songe à se vêtir autrement qu'en habit de deuil.

Nos aïeux n'avaient aucune idée de l'heure qu'il était… et s'en fichaient !

Avant les *smartphones*, les enchaînements de rendez-vous et même les trains à prendre ou les programmes télé, nos ancêtres n'avaient guère besoin de connaître la mesure exacte du temps. Les horloges et les montres ne font leur apparition qu'au XVIIe siècle ! Et encore, leur usage ne se répand que très lentement. Aussi, pour le paysan dans sa chaumière comme pour le curé dans son église, il était impossible de connaître l'heure précise.

Et alors ?… Autrefois, on se réveillait au chant du coq et les journées se passaient au rythme des travaux et des prières. On partait travailler au lever du jour et l'on rentrait souper et dormir au coucher du soleil. Le paysan, dans son champ, suivait la course de l'astre solaire dans le ciel, cela lui suffisait pour savoir où il en était de sa journée. Souvent, il entendait au loin les cloches sonner l'angélus (à un quart d'heure ou une demi-heure près, personne n'allait vérifier !), ce qui lui fournissait un repère supplémentaire.

Dans le monde lent et laborieux de nos ancêtres, on n'entreprenait pas quelque chose pour une heure ou deux. Qu'il s'agisse d'une visite, d'un déplacement dans un bourg voisin ou même d'une noce, on y consacrait la journée entière, quand ce n'en était pas plusieurs.

On ne se donnait pas rendez-vous à une heure précise : parler de midi ou du lever du soleil était bien suffisant et on ne risquait pas d'être en retard. De toute façon, la plupart du temps, on passait sa journée dans les champs, de l'aube au crépuscule.

Durant des siècles, les cloches ponctuèrent chaque instant de la vie de nos aïeux. Elles sonnaient l'angélus trois fois par jour. Elles carillonnaient les jours de fête, de baptême, de mariage ou de décès. Elles annonçaient les grandes nouvelles à la communauté : approche d'une tempête, rassemblement populaire, incendie, déclaration de guerre… Nos ancêtres étaient particulièrement attachés aux cloches de leur village. Souvent, elles étaient baptisées et on leur désignait, comme pour un enfant, un parrain et une marraine choisis parmi les notables locaux, dont les noms étaient gravés dans le métal.

Le calendrier,
c'est fait pour les curés !

D e même qu'ils se fichaient de l'heure qu'il était, nos ancêtres médiévaux ne s'inquiétaient guère de savoir la date, le mois ou même l'année en cours. Bien souvent, ils ignoraient jusqu'aux noms des mois. Seules les saisons leur importaient, parce qu'elles déterminaient les travaux à effectuer aux champs.

Le curé, plus instruit, plus au fait de l'actualité, et généralement le seul lettré du village, s'occupait pour eux de suivre le calendrier, et de poser tout au long de l'année les balises qu'étaient les différentes fêtes religieuses, seules dates qui avaient vraiment un sens à leurs yeux.

ET L'ON INVENTA LES HEURES,
LES MINUTES ET LES SECONDES...

B ien qu'elle puisse paraître évidente, l'idée de mesurer le temps n'est-elle pas une drôle d'idée ?

Les premières traces de cet effort remontent à plus de quatre millénaires. Ce sont les Égyptiens qui, pour des raisons cultuelles, commencèrent à mesurer le temps nocturne. Ils se basaient sur l'apparition progressive des étoiles qui représentaient des divinités. Ils découpèrent la nuit en douze phases, en fonction des décans astraux.

Ainsi, seul le temps des nuits était mesuré et son découpage ne tenait pas compte des saisons.

Il fallut attendre six autres siècles pour que le jour soit à son tour divisé en douze sections égales, dont la longueur variait tout au long de l'année, en fonction de la durée d'ensoleillement. Grâce à l'invention du cadran solaire gradué, on découpait le jour en douze parties mais sans étalon précis. La subdivision des jours en vingt-quatre heures a fini par quitter l'Égypte pour rejoindre la Grèce et devenir universelle.

Avec l'apparition de la clepsydre et du sablier (l'un fonctionnant avec de l'eau et l'autre avec du sable), la mesure du temps devint plus précise et put être étalonnée. Mais la première horloge ne fut mise au point qu'au XIVe siècle et ne servit d'abord qu'à faire sonner des cloches à heures fixes. Le cadran, pour sa part, fut inventé au XVe siècle, mais ne comportait qu'une seule aiguille.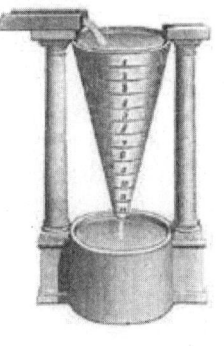

Quant à la subdivision des heures en minutes et en secondes, nous la devons aux Babyloniens. Contrairement à notre système de numération qui est décimal, celui des Babyloniens était sexagésimal (ils comptaient de 6 en 6 et non de 10 en 10). Ils ont donc tout naturellement subdivisé l'heure en 60 minutes et les minutes en 60 secondes. La seconde ainsi définie présentait l'avantage d'être proche du rythme cardiaque d'un homme au repos, et semblait donc très naturelle.

D'où viennent les noms des jours de la semaine ?

Tous les jours de la semaine contiennent le préfixe ou le suffixe *di-*. Il vient du mot latin *dies*, qui signifie tout simplement *jour*. Le lundi est consacré à la lune et les quatre jours suivants à des dieux romains, qui sont aussi des astres : mardi à Mars, mercredi à Mercure, jeudi à Jupiter et vendredi à Vénus. Le samedi, *sambati dies*, est le jour du sabbat. Quant au dimanche, c'est le jour du Seigneur : *dies dominicus*.

D'où viennent les noms des mois de l'année ?

Janvier : hommage à Janus, le dieu à double visage, dieu des portes et des passages, donc le dieu parfait pour entamer une année nouvelle.

Février : provient du bas latin *febrarius*, qui désignait le mois des purifications.

Mars : hommage au dieu romain de la guerre, Mars. Dans le monde romain, le mois de mars marquait le retour de la période des guerres.

Avril : provient du latin *aprilis*, qui signifiait ouvrir. Allusion au fait qu'avril est le mois où les fleurs s'ouvrent.

Mai : du latin *maius*, mois probablement consacré à la déesse Maïa.

JUIN : du latin *junius*, mois consacré selon les interprétations à la déesse Junon ou au premier consul Junius Brutus.

JUILLET : le nom de ce mois semble avoir une double origine. Son nom proviendrait d'une part de l'ancien français *juignet*, qui signifie « petit juin », et du prénom de Jules César, réformateur du calendrier romain, instigateur du calendrier *julien*.

AOÛT : du latin *augustus*, en l'honneur de l'empereur Auguste.

Septembre, octobre, novembre, décembre : respectivement les septième, huitième, neuvième et dixième mois de l'année romaine, qui commençait en mars.

LA MESSE : LE RENDEZ-VOUS
À NE PAS MANQUER

Pour rien au monde, nos aïeux n'auraient manqué la messe dominicale. Dans tous les villages de France, qu'il pleuve ou qu'il vente, c'était l'incontournable rendez-vous de la communauté.

D'ailleurs, lorsque le gouvernement révolutionnaire tenta d'éradiquer le dimanche et d'interdire la messe, il se heurta à une résistance farouche. Dans tout le pays, on célébrait des messes clandestines…

C'est que les habitudes dominicales sont bien ancrées dans les mentalités. Le dimanche, à l'heure de la messe, les rues sont désertes et les hameaux prennent des allures de villages fantômes. Tout le monde est à l'église, y compris les enfants, et bien souvent des animaux qui s'y sont introduits sans qu'on les y invite.

Il faut dire que l'ambiance des églises, autrefois, était moins solennelle qu'elle ne l'est aujourd'hui. Chacun y avait sa place et venait y bavarder avec ses compères ou ses commères. Les enfants y couraient et y criaient sous les menaces du bedeau, tandis que l'assistance reprenait à tue-tête les refrains que tous connaissaient. La messe du dimanche était alors une vraie réjouissance, un joyeux bazar auquel on se réjouissait de participer.

Autrefois, les anniversaires n'existaient pas !

Pour nos ancêtres, la date de naissance de quelqu'un n'avait guère d'importance. Vous n'aviez ni carte d'identité ni d'acte de naissance pour vous la rappeler. Seul le registre du curé pouvait faire foi. Mais alors, cela importait peu ! Nos ancêtres se fichaient bien de fêter leur anniversaire. Pas de gâteau, pas de bougies, pas de cadeau. Si bien que personne ne savait au juste quel âge il avait. Chacun en avait une idée approximative, et le curé, lorsqu'il consignait un décès dans le registre, n'avait cure d'aller vérifier la date exacte de naissance du défunt. Il se contentait donc d'indiquer sur son registre son âge approximatif, lequel pouvait être sujet à toutes les exagérations. En effet, rien ne garantissait qu'un vieillard chenu fût véritablement centenaire, comme son entourage voulait bien le croire.

Au revoir vendémiaire, brumaire et frimaire

Durant la Révolution française, le calendrier grégorien, jugé trop religieux, fut temporairement mis au rancart. Il lui fut substitué un calendrier révolutionnaire, dont le premier jour fut fixé à la date de fondation de la République, le 22 septembre 1792.

L'an I de la République avait déjà été proclamé lorsqu'un mathématicien auvergnat, Charles-Gilbert Romme, proposa de donner une nomenclature précise au calendrier républicain.

Fabre d'Églantine, qui siégeait à la Convention, proposa quelques ajustements au projet de Romme, et le nouveau calendrier entra en vigueur.

Tout d'abord, le calendrier révolutionnaire instaure des semaines de dix jours, les *décades*, dont les noms se substituent à nos lundi, mardi, etc.

Désormais, les jours s'appellent primidi, duodi, tridi, quartidi, quintidi, sextidi, septidi, octidi, nonidi et décadi. Les mois, toujours au nombre de 12, prennent de nouveaux noms choisis en fonction des saisons :

Automne : vendémiaire, brumaire, frimaire, pour les mois des vendanges, des brumes et des frimas ;

Hiver : nivôse, pluviôse, ventôse, pour les mois de la neige, de la pluie et du vent ;

Printemps : germinal, floréal et prairial, pour les mois des germinations, des floraisons et des prairies ;

Été : messidor, thermidor et fructidor, pour les mois des moissons, de la chaleur et des fruits.

Par ailleurs, le calendrier révolutionnaire envoie aux orties les bons vieux saints, remplacés par des hommages quotidiens aux valeurs et à la nature.

Quoique très ingénieux, le calendrier républicain adopté en 1793 fit long feu : il fut abandonné en 1805. Les communards de 1871 le rétablirent brièvement, mais leur initiative fut réduite à néant en même temps que leur révolte était écrasée par les troupes de Thiers.

Un linceul pour tout cercueil

Dans nos campagnes, autrefois, il était rare que les familles aient les moyens d'offrir un cercueil à leurs défunts. La plupart du temps, on se contentait d'enterrer le mort vêtu de ses plus beaux vêtements, à savoir sa tenue de mariage, et roulé dans son linceul (un drap neuf qui, lui aussi, attend dans une armoire depuis le mariage), lequel est scellé par une couture.

Pour son dernier voyage, on confie souvent au défunt l'un de ses objets familiers, outil, souvenir, médaille. Et on lui glisse parfois une pièce de monnaie dans la poche, histoire qu'il ait de quoi graisser la patte de saint Pierre, à l'entrée du paradis.

Étés pourris et hivers trop doux : il n'y avait déjà plus de saisons !

L es étés pourris ne datent pas d'hier. Tout comme les hivers trop doux, sans gel ni pluie. Nos ancêtres ont connu plus d'une année où le climat semblait déjà s'être déréglé. Pour eux, de telles années étaient des catastrophes. Mais pas pour les raisons qui sont les nôtres aujourd'hui ! Un été froid et pluvieux, ce n'était pas des semaines de plage gâchées, et un hiver sans neige ne compromettait pas les vacances de ski ! Pour nos ancêtres, essentiellement ruraux, un dérèglement du climat signifiait que la récolte serait mauvaise, voire détruite. Développement de parasites, manque d'eau, gel tardif détruisant les jeunes pousses, de multiples facteurs pouvaient mettre à mal les ressources d'une région. Ce qu'on risquait alors, ce n'était pas une chute du chiffre d'affaires : c'était la disette. Car en des temps où les marchandises ne circulaient pas, lorsque la récolte était mauvaise, l'ombre de la famine et de la mort planait sur nos campagnes.

L'endeuillé était en blanc…

D ans un lointain passé, les familles endeuillées ne s'habillaient pas en noir, mais en blanc. La tradition du vêtement de deuil noir remonterait à Anne de Bretagne, qui décida de se vêtir de cette manière à la mort du roi Charles VIII en 1498.

Noël est probablement la fête la plus ancienne – mais aussi la plus païenne – de notre culture judéo-chrétienne. Car depuis l'Antiquité déjà, on célèbre en Europe des fêtes solsticiales.

Les Romains les appelaient les saturnales et elles étaient déjà l'occasion de s'offrir de menus cadeaux : à Rome, c'était une déesse du nom de Sternia (dont le nom a donné le mot *étrennes*) qui remplissait cet office désormais dévolu au père Noël.

Dans les pays nordiques, c'est Odin, dieu du savoir, de la mort et de la victoire, qui se charge de la distribution.

Au Moyen Âge, l'Église s'efforce de substituer à ces personnages païens différentes figures saintes, qui varient selon les régions.

Notre père Noël a donc bien des ancêtres !

S'il est aujourd'hui universel, son identité de distributeur officiel des cadeaux a varié selon les régions : ici, c'était saint Nicolas qui se chargeait de cette tâche, tandis qu'ailleurs, c'étaient saint Martin, les rois mages ou le petit Jésus lui-même !

Finalement, c'est le saint Nicolas hollandais, Nikolaus, qui inspire l'Américain Clement Clarke Moore lorsqu'il publie dans un journal, à l'occasion de Noël, en 1823, un poème évoquant ce sympathique lutin, Santa Claus, qui vient distribuer des cadeaux aux enfants sur son traîneau volant tiré par des rennes…

C'est ensuite au fil des décennies que le mythe du père Noël va s'élaborer. Sous le pinceau des illustrateurs, le lutin Santa Claus devient un petit bonhomme barbichu, vêtu de fourrure blanche. Il ne lui reste plus alors qu'à endosser un costume rouge et s'établir au pôle Nord. Ce qui est chose faite en 1885.

Le mythe, agrémenté de tous ses détails, comme la fameuse hotte ou le mode opératoire qui consiste à entrer dans les maisons par la cheminée, conquiert peu à peu le monde, aidé par le développement de la consommation et de la communication de masse. C'est ainsi qu'en France, en 1919, le fabricant de pneumatiques Michelin utilisera l'image du père Noël, ce symbole positif et reconnaissable entre tous, pour une campagne de publicité. Le grand-père tout de rouge vêtu va peu à peu détrôner ses prédécesseurs, le père Janvier ou saint Nicolas, pour devenir le convoyeur privilégié des cadeaux des enfants.

« Quand j'étais petit, on ne recevait qu'une orange à Noël »

C'est ce que nous disaient volontiers nos grands-parents lorsqu'ils évoquaient leur enfance difficile.

Pour comprendre cette étrange ritournelle, il faut savoir que l'orange a longtemps été considérée comme un produit de luxe.

Originaire de Chine, c'est à l'époque des croisades (du XIe au XIIe siècle) qu'une variété d'orange amère pénètre en Europe par la Méditerranée. Au XVIe siècle, des navigateurs portugais rapportent l'orange douce de leurs voyages en Chine. Les Européens sont conquis et l'orange douce ne tarde pas à supplanter l'orange amère.

Autrefois, effectivement, on était très heureux de recevoir à Noël une barre de chocolat ou un de ces fruits rares et luxueux. Les plus chanceux recevaient quelques billes de verre ou une petite poupée de chiffon et plus tard, des crayons de couleur ou un jouet en bois.

Contrairement aux enfants du XXIe siècle, ils ne croulaient pas, blasés, sous les cadeaux !

Fête des Fous :
comme son nom l'indique !

La fête des Fous, également appelée fête des Innocents, était célé-
brée dans les jours suivant Noël par
les prêtres et l'ensemble des petites
mains du monde ecclésiastique. Elle
a donné lieu à tant de polémiques
qu'elle a fini par être interdite par les
autorités de l'Église à partir du XVIᵉ
siècle, puis par tomber en désuétude
au siècle suivant.

Le propos de cette fête curieuse
était de célébrer l'âne sur le dos
duquel Jésus avait fait son entrée dans Jérusalem. C'était
une sorte de carnaval des religieux, outrancier, délirant,
théâtre de toutes sortes de débordements.

Imaginez-vous les curés, les moines et autres clercs,
faisant la bringue dans les travées des églises et jouant à
refaire le monde à l'envers : tenues haillonneuses, vestes
retournées, hommes travestis en femmes ou promenés
nus par les rues, lectures à rebours des évangiles, batailles
d'eau, jurons, chansons paillardes, boudin mangé à même
l'autel, guenilles brûlées dans les encensoirs... Bien sûr,
on n'évitait pas le tapage, ni les déprédations – y compris
dans les églises ! –, ni les bagarres.

La fête des Fous était vraiment une fête folle, l'occasion de rompre la monotonie des prescriptions et des
rituels religieux. L'occasion de se lâcher, de prendre un
grand bol d'air et de se transformer pour une nuit en
pécheur éhonté.

QUAND LE 14 JUILLET VOULAIT RIVALISER AVEC LA FÊTE-DIEU

Lorsqu'il fut question, en 1880, d'instaurer une fête nationale, l'idée n'était pas nouvelle. Depuis les fêtes révolutionnaires, plusieurs dates avaient, selon les périodes politiques, été retenues pour donner à la France des fêtes laïques...

Enfin, presque laïques ! Car Napoléon Ier avait souhaité dès 1806 introduire sa gloire dans le calendrier des saints, en instaurant une Saint-Napoléon le jour de son anniversaire... Une date reprise sous le Second Empire par Napoléon III pour en faire le jour de la fête nationale.

Mais cette date l'ayant disputé à d'autres, et la seconde épopée impériale ayant fait long feu, la IIIe République décida d'en choisir une nouvelle.

Le 14 Juillet, date de la fête de la Fédération qui célébra en 1790 le premier anniversaire de la prise de la Bastille, a ses fervents partisans. Mais d'autres défendent le 4 août car ils préfèrent se rappeler la glorieuse nuit de 1789 où l'Assemblée constituante vota l'abolition des privilèges. Après des débats acharnés et des luttes sans merci, le 14 Juillet l'emporte et est inscrit dans la loi comme le jour de la fête nationale.

Reste à l'imposer à la population. Difficile de rivaliser avec la Fête-Dieu et ses défilés chargés de fleurs, et avec l'Assomption, le 15 août, ses processions et ses pèlerinages.

C'est pourquoi notre fête nationale donna lieu à une telle débauche de symboles républicains et de drapeaux, ainsi qu'au défilé militaire, propre à faire vibrer la fibre patriotique des citoyens.

De carnaval en carême, de la débauche à l'austérité

Le carnaval, période qui va du jour des Rois au mercredi des Cendres, a une valeur hautement symbolique car il marque la sortie de l'hiver et précède le plus long jeûne de l'année, le carême. C'est l'occasion pour toute la communauté de se livrer à une grande fête que les familles préparent longtemps à l'avance, et de faire ripaille durant les trois jours gras : dimanche, lundi et mardi gras.

À l'occasion du carnaval, on se déguise en se tartinant le visage de suie et l'on joue à s'échanger les rôles : les femmes portent exceptionnellement des pantalons et des vestes d'hommes retournées, tandis que les maris, enfilant robes et jupons, se déguisent en épouses !

En ville comme à la campagne, on défile dans les rues en malmenant le mannequin de carnaval, qu'on noie, qu'on pend ou qu'on brûle ; on s'enivre d'abondance, on se fait des farces et on mange à en être malade.

Et puis, on entre dans le carême, longue période de privation qui ne prendra fin qu'à Pâques, au bout de quarante jours. Le temps est venu de se serrer la ceinture : on ne consomme plus ni viande ni œufs, ni aucun aliment à base de graisse animale. Néanmoins, à bien des époques, chez nos ancêtres affamés du petit peuple, le carême ne change guère le menu quotidien...

Ces quarante jours de carême sont bien tristes : on n'a droit à aucun loisir, aucun amusement, ce qui explique les débordements qui les précèdent et qui les suivent. L'Église, et parfois l'État lui-même, veillent scrupuleusement à ce que la pénitence soit respectée. Gare aux couples qui s'aviseraient de céder à la tentation de la chair !

Mais quarante jours, c'est un peu long. C'est pourquoi la coutume s'est peu à peu imposée de faire des pauses, c'est-à-dire de suspendre temporairement la pénitence afin que chacun puisse se dégourdir un peu.

Ainsi, la mi-carême, le jeudi de la troisième semaine du jeûne, est un jour de gaieté et de réjouissances.

Les galettes des Rois censurées
durant la période révolutionnaire !

Pendant les années révolutionnaires, les autorités ne virent pas d'un bon œil la perpétuation d'une tradition religieuse célébrant le mot *roi*. Pourtant, la galette des Rois, ronde et dorée, symbolise la renaissance du soleil (l'épiphanie a lieu peu après le solstice d'hiver), et son nom ne rend pas honneur au roi de l'Ancien Régime mais aux Rois mages qui, selon l'Évangile, vinrent saluer l'Enfant Jésus.

Quoi qu'il en soit, les chantres de la Révolution avaient la galette des Rois dans le collimateur. Ils instaurèrent donc des sanctions visant les pâtissiers qui en proposeraient à leur clientèle. Mais bientôt, il fallut se rendre à l'évidence : le peuple tenait à cette tradition et il n'était pas question de le priver d'une si délicieuse gourmandise... À défaut de pouvoir prohiber la galette des Rois, le gouvernement décida de la passer au vernis révolutionnaire. L'épiphanie fut donc rebaptisée « fête des sans-culottes » et la galette des Rois devint le « gâteau de la liberté »...

Un air
de famille

Pour le meilleur et pour le pire

Avant le XIIIe siècle, le mariage n'est pas l'institution religieuse qu'on connaît. C'est encore moins
une institution civile. En effet, jusqu'au concile de
Latran, en 1215, le simple consentement mutuel suffisait pour que l'union soit reconnue. On se disait mari et
femme, et c'était bien assez. C'est le concile de Latran
qui consacre le mariage comme l'un des sacrements de la
vie chrétienne, avec le baptême, l'eucharistie et la pénitence. Il rend obligatoire la publication des bans avant
la cérémonie du mariage. Cette procédure, toujours en
vigueur aujourd'hui, permet de s'assurer que personne ne
s'oppose à l'union.

À partir du concile de Trente (1563), la présence
d'un prêtre et de témoins est indispensable pour que le
mariage soit valide. Les ingrédients du mariage religieux
que nous connaissons sont alors en place.

C'est la Révolution française qui fera disparaître l'obligation du mariage religieux. Une loi publiée en 1792 instaure le mariage civil.

Dès lors, celui-ci devient la seule union valable aux yeux de la loi.

Peut-être un jour nos descendants s'étonneront-ils de voir qu'à notre époque, on célèbre souvent le mariage deux fois, à la mairie et à l'église ?

LE MARIAGE : UN JEU DE FUSIONS-ACQUISITIONS

Le mariage, autrefois, n'était guère une institution vouée à l'amour. Au contraire, le jeu des alliances revêtait une haute importance stratégique. Qu'il s'agisse du roi de France ou de paysans cévenols ou morvandeaux, les enjeux étaient tout aussi capitaux et les calculs tout aussi complexes.

Car à tous les niveaux de la société, c'était par le mariage qu'on scellait des alliances, qu'on liquidait des conflits, qu'on accroissait son pouvoir et sa richesse.

C'est pourquoi même au fin fond des campagnes, le choix d'un époux pour une fille ou d'une épouse pour un garçon donne lieu à des stratégies d'alliances et à des raisonnements dignes des unions des plus grands princes – ou de la fusion des plus grandes entreprises !

Le mariage est l'occasion pour les familles d'étendre leurs terres ou leur influence, d'intégrer à leur domaine de nouvelles ressources (puits, cours d'eau), ainsi que de régler des conflits parfois vieux de plusieurs générations. Le montant des dots apportées par les jeunes femmes à leur époux et les héritages potentiels sont soigneusement étudiés et pesés. On a recours à des ruses de Sioux en matière matrimoniale, afin de réincorporer au patrimoine familial la dot lâchée plusieurs décennies plus tôt par un aïeul…

Afin de réaliser les unions les moins coûteuses et les plus profitables, on va jusqu'à marier un frère et une sœur à une sœur et un frère, ce qui évite aux deux familles de financer une dot !

Fort heureusement, tous ces calculs n'empêchent pas le jeu de l'amour : les garçons et les filles se côtoient souvent depuis l'enfance. Lorsqu'ils grandissent, il arrive que certains se rapprochent, se fréquentent, se promènent ensemble ou s'isolent pour converser.

En d'autres termes, ils flirtent. Tant que ces flirts ne contrarient pas les projets que leurs parents ont pour eux, personne n'y trouve à redire. Bien au contraire, on les encourage ! Mais dans le cas contraire…

QUI SE RESSEMBLE
S'ASSEMBLE

Chez nos ancêtres, non seulement l'intérêt patrimonial du mariage primait, mais les unions qui auraient pu être de véritables mariages d'amour étaient souvent interdites.

Dès le Moyen Âge, l'Église édicte des règles extrêmement strictes afin d'éviter toute consanguinité. Ces règles, qui ne furent pas assouplies avant le XXe siècle, interdisaient les unions entres membres d'une même famille jusqu'au quatrième degré !

En plus de quoi elles excluaient les mariages entre parents par alliance (un veuf ne pouvait épouser aucune femme de la famille de sa défunte épouse, ni un parrain la sœur de son filleul...). Dans les hameaux perdus, l'étroitesse de ces normes pouvait rendre les affaires matrimoniales passablement compliquées. Tout le monde était toujours un peu en famille avec tout le monde. On était bien conscient des problèmes que pouvait poser la consanguinité, mais tout de même, si on ne pouvait épouser personne de son village et qu'on ne connaissait personne d'autre, comment faire ?

Dans plus d'un cas, et particulièrement dans certaines régions comme l'Auvergne, la Bretagne ou la Corse, il a donc fallu s'en remettre au curé de la paroisse, lequel s'occupait de négocier la cause devant les autorités ecclésiastiques, afin d'obtenir une dispense de parenté.

Néanmoins, autrefois plus encore qu'aujourd'hui, les mariages se faisaient à l'intérieur des milieux, des paroisses, des villages, des hameaux. Au début du XIXe siècle, près de 70 % des hommes et 90 % des femmes épousaient quelqu'un venant de la même paroisse qu'eux.

Signe supplémentaire de l'endogamie qui régnait dans la société, les alliances se concluaient fréquemment entre des familles exerçant le même métier. Il y avait des raisons très pragmatiques à cela : il était indispensable que l'épousée connaisse bien le métier de son mari, si celui-ci voulait pouvoir compter sur elle dans les tâches quotidiennes.

L'industrie nuit gravement au mariage...

Autrefois, tout le monde se mariait, il n'était pas question de rester célibataire. Les hommes solitaires, à moins qu'ils ne fussent affectés de handicaps ou de tares rédhibitoires, étaient des marginaux : on s'en méfiait. Les femmes sans mari étaient plus fréquentes, par le fait même qu'elles naissaient (et naissent toujours) plus nombreuses.

Avec le développement des villes et de la classe ouvrière, la tradition campagnarde du mariage, complexe et ritualisée, va toutefois se déliter. Dans le monde ouvrier, la dimension politique et financière du mariage n'existe plus. On est souvent séparé de sa famille et de ses racines rurales et l'on est beaucoup moins attaché aux valeurs religieuses. On sort, on fait des connaissances, on se rencontre dans les guinguettes, les bals, la rue, et l'on s'installe ensemble sans toujours songer à se marier.

Le mariage, un rituel bien réglé, de la demande à la livraison du trousseau

L a demande officielle en mariage est traditionnel-lement effectuée par le prétendant ou par son père auprès de la famille de la promise. Mais parfois, on a recours à un professionnel de la chose qui fait en sorte que tout se passe pour le mieux.

Lorsque les parents d'un prétendant ou cet entremet-teur rendent visite à la famille d'une jeune fille dont ils veulent demander la main, il n'est pas question d'abor-der le sujet de but en blanc. Dans un premier temps, on se contente de parler de choses et d'autres. Cela donne l'occasion aux parents sollicités d'égrener des signes qui disent clairement s'ils consentent à l'union… ou non !

Recevoir les visiteurs assis ou debout, devant un feu allumé ou éteint, concocter un dîner gras ou maigre, positionner savamment certains objets du quotidien sont autant de signes indubitables grâce auxquels la famille du prétendant sait à quoi s'en tenir.

Inutiles, ces codes compliqués ? Au contraire ! Ils permettent aux protagonistes de ne pas avoir à subir – ou à infliger – l'humiliation d'un refus. On évite ainsi la brouille, voire la guerre de clans… Avec ces signes que chacun sait interpréter, les honneurs sont saufs. Rien n'est verbalisé mais tout est dit.

Une fois que les choses sont claires, soit un accord est scellé, soit les visiteurs se retirent, éconduits, sans avoir formulé de demande. Passée cette rencontre au sommet, le futur mari acquiert le droit officiel de visiter sa promise chez ses parents ; souvent, il vient prêter main-forte à sa future belle-famille dans les travaux des champs. Arrive alors le temps des petits cadeaux et des grandes manœuvres. Les fiancés échangent des présents à haute valeur symbolique (bagues, chemises…) mais aussi, à la dérobade, des baisers voire un peu plus… Pendant ce temps, les familles négocient la dot, visitent fermes et propriétés. Puis les bans sont publiés et un contrat détaillé est signé par-devant notaire. Si personne ne s'est manifesté pour signaler une union impossible, il ne reste plus alors qu'à se rendre à l'église.

La veille ou le lendemain de la noce, les familles livrent leur trousseau aux jeunes mariés. Il s'agit d'un coffre, plus tard d'une armoire, généralement décorés aux initiales des mariés. Une armoire qui représente un véritable trésor puisqu'elle renferme tout le trousseau énuméré dans le contrat de mariage, depuis le linge de corps, de lit ou de maison jusqu'à la vaisselle, en passant par des mesures de grains destinés au champ du couple, quelques animaux et quelques meubles (qui eux, n'ont pas besoin d'être casés dans l'armoire !).

Enfin, le trousseau des jeunes mariés contient… les linceuls dans lesquels ils seront enterrés !

Choisir la date du mariage : une affaire bien compliquée !

Autrefois, on ne se mariait ni en mai ni durant les mois d'été, où l'on était accaparé par les travaux des champs. On ne se mariait pas non plus certains jours de fête ou durant les périodes de pénitence comme le carême.

Mais lorsque la période était propice, on n'avait pas pour autant la possibilité de choisir le jour de la noce : le dimanche était réservé aux messes et autres actions de culte, qui occupaient entièrement les curés. Le vendredi commémorait la mort du Christ et le mercredi, sa dénonciation par Judas.

Traditionnellement, le jeudi n'était pas un bon jour pour célébrer une noce. C'était donc plutôt en début de semaine, de préférence le mardi, qu'on se mariait autrefois.

En fin de compte, on était rarement seul à choisir une date donnée. C'était un peu comme aujourd'hui, les samedis de juin où les mairies ne désemplissent pas. Certains mardis, comme le mardi de Pâques, le mardi gras ou le mardi suivant l'épiphanie, c'était l'embouteillage à l'église !

Drôles de symboles, drôles d'usages

Les mariages d'autrefois étaient extrêmement codi-
fiés et si chargés de rituels qu'ils duraient parfois
plusieurs jours.

Durant la noce, tout est symbolique : costumes, attitudes, paroles
mais aussi jeux, émotions et menus.
On s'amuse, par exemple, à tenter
de dérober un soulier à la mariée.
On brise de la vaisselle. Et bien sûr,

il y a l'incontournable enlèvement de la jarretière de la
mariée. Dans certaines régions, il est de bon ton que la
mariée affiche ses larmes afin de symboliser la douleur
de quitter le foyer parental. En dépit de sa joie et des
divertissements de la noce, elle doit éviter de sourire.

Au cours des festivités, on célèbre des messes en
l'honneur des défunts des deux familles, on fait des repas
composés d'aliments à haute signification symbolique.

Parfois, les mariés doivent simuler des travaux de
tous les jours pour mettre en évidence leurs aptitudes :
monsieur se livre à quelque travail physique tandis que
madame balaie sa nouvelle maison devant tout le monde,
pour bien montrer quelle bonne épouse elle fera.

La nuit de noces doit sceller l'alliance physique des
époux. Dès le matin, on se précipite dans leur chambre
pour s'assurer que l'union a bien été consommée, en véri-
fiant que les draps comportent bien quelques traces de
sang...

Parfois, on va jusqu'à exposer le drap souillé à la
fenêtre, afin d'attester que la mariée était bien vierge, et
que le marié possède toutes les dispositions physiques
nécessaires...

La mariée n'était pas en blanc...

La robe de mariée d'un blanc immaculé est une tradition que nos ancêtres ne connaissaient pas ! En effet, cet incontournable symbole de pureté associé au mariage est apparu tardivement. Il n'est entré dans les usages qu'à partir de la fin du XIXe siècle, après que la Vierge Marie vêtue de blanc eut apparu à Bernadette Soubirous dans la grotte de Lourdes. Cela a de quoi étonner, mais avant cette époque, les mariées n'étaient absolument pas vêtues de blanc.

Au contraire, les couleurs vives étaient privilégiées. La couronne de fleurs puis le voile se sont imposés dans le courant du Moyen Âge. Un tablier, symbole du travail domestique, était souvent adjoint à la tenue de mariée...

LE COMBAT POUR LE DIVORCE

La perception du mariage comme d'une union sacrée et indissoluble s'est imposée progressivement au Moyen Âge. Auparavant, le mariage avait essentiellement une fonction politique, celle de sceller des alliances.

Une alliance est forcément de circonstance et son utilité peut être remise en cause par les événements. C'est pourquoi la répudiation et le divorce par consentement mutuel étaient alors parfaitement admis.

C'est l'Église catholique romaine qui va peu à peu imposer le caractère sacré du mariage, et par là, l'indissolubilité de l'union. Au XIIe siècle, c'en est fait du divorce. Le mariage est à l'image de l'union du peuple avec Dieu : il n'est plus question de le remettre en cause. Tout juste dans certains cas, la séparation des corps peut-elle être consentie. Mais l'adultère reste un péché et un nouveau mariage est impossible.

À la fin du XVIIIe siècle, la Révolution française brise cette loi d'airain. Le mariage devient une union civile qui peut être dissoute. Mais les conservateurs voient d'un très mauvais œil la possibilité du divorce par consentement mutuel. En 1804, le Code civil de Napoléon revient donc sur ces dispositions et rend le divorce par consentement mutuel si compliqué que le divorce pour faute reste le seul appliqué.

Mais le combat n'est pas fini : en 1816, une loi supprime purement et simplement le divorce. Il faudra attendre 1884 pour qu'il soit à nouveau autorisé.

Par la suite, diverses lois seront adoptées qui légiféreront notamment sur les droits de la divorcée, des enfants illégitimes et la possibilité d'un second mariage dans les cas d'adultère. La législation sur le divorce ne sera véritablement assouplie qu'en 1975 par le président Giscard d'Estaing.

C'est à ce moment que sont instaurées les dispositions actuelles permettant les divorces par demande conjointe ou formulée par l'un des deux époux et acceptée par l'autre, ou par entérinement de la rupture de la vie commune.

LES FAMILLES RECOMPOSÉES
NE DATENT PAS D'AUJOURD'HUI

Autrefois, étant donné la fréquence des décès en couches, il arrivait souvent que les hommes se retrouvent veufs avec une famille à charge. Ils ne traînaient pas, alors, pour se remarier. C'est que la présence d'une femme, pour s'occuper de la maison, élever les enfants et contribuer au labeur quotidien, était indispensable.

Aussi, lorsqu'une femme décède, son mari se met aussitôt en quête d'une nouvelle épouse.

Parfois, la dépouille de la défunte est encore tiède que les premières tractations avec les familles ayant une fille à marier commencent déjà, au pied de son lit... Les secondes, voire les troisièmes noces, ne sont donc pas rares.

La famille recomposée n'est donc pas l'apanage de nos générations ! Du jour au lendemain, les enfants de plusieurs lits se retrouvent sous le même toit et à la même table... d'où les rivalités, le favoritisme et des histoires qui ont fourni la matière de tant de romans et de contes !

Car c'est dans ce contexte qu'apparaît la célèbre figure de la marâtre, si méchamment représentée dans Cendrillon ou Blanche-Neige.

En revanche, pour une femme, perdre son mari est parfois l'une des meilleures choses qui puisse lui arriver. Son statut de veuve lui confère une liberté totale. Soudain, elle n'appartient plus à personne.

Elle est libre de ses mouvements, elle ne reçoit plus d'ordres. Pour la première fois de sa vie, elle est propriétaire de ses biens et parfois même d'une partie de ceux de feu son mari.

Elle peut même conserver un titre de noblesse obtenu grâce à son union avec le défunt. Libre à elle, alors, d'envisager ou pas de secondes noces qui la priveraient de cette si confortable liberté…

Neuf mois épuisants

Les grossesses de nos aïeules n'étaient pas de tout repos. En effet, durant les neuf mois de gestation, elles poursuivaient sans sourciller leurs activités quotidiennes. Les recommandations de prudence d'autrefois n'avaient pas grand-chose à voir avec celles que reçoivent les futures mamans d'aujourd'hui. En matière d'obstétrique, l'ignorance était quasi totale.

Au lieu de préconiser le repos et le ménagement, on recommandait aux femmes de ne pas regarder une personne affublée d'un tic, sans quoi leur enfant pourrait le contracter, ou encore de ne pas monter à cheval car cela pourrait déformer la joue du nourrisson !

En fait, si les conseils pleuvent, ils relèvent essentiellement de la superstition, et bien peu de la médecine.

Au cours de leur vie, les femmes étaient enceintes à
de nombreuses reprises. Et plus d'une fois sur dix, elles
mouraient en couches.

Par ailleurs, beaucoup d'enfants naissaient mort-nés
ou décédaient au bout de quelques heures.

Impossible de connaître à l'avance le
sexe de l'enfant, l'échographie n'apparut en obstétrique que dans les
années 1970 !

Si l'on préférait souvent avoir un
garçon, la véritable catastrophe
n'était pas que le nouveau-né soit
une fille, mais qu'il soit chétif ou
mal formé.

Un enfant né affublé d'une tare ne
serait jamais qu'une bouche inutile à
nourrir, et ses parents étaient effon-
drés. Superstitieux au dernier degré et ignorant tout des
mécanismes de l'enfantement, ils se persuadaient que
leur malheur provenait de quelque mauvais sort jeté par
un démon ou un vagabond de passage.

Dans ces circonstances, certains allaient jusqu'à infliger des épreuves physiques au nouveau-né, en le trem-
pant dans l'eau glacée ou en l'abandonnant plusieurs
heures dans le froid.

Il s'agissait prétendument de laisser le bon Dieu déci-
der du sort de l'enfant.

Mais en réalité, ils ne lui laissaient guère de chances
de survivre...

L'accouchement :
une affaire publique !

Dans nos vieilles campagnes, on n'accouchait pas à l'hôpital mais chez soi – quand on avait la chance, toutefois, de ne pas être surprise par les contractions en plein marché ou en plein travail aux champs. L'accouchement n'avait pas le caractère à la fois intime et médical qu'il revêt à notre époque : il s'effectuait en public, devant une assistance nombreuse, remuante et causante. C'était une sorte de fête, mêlée d'une vague inquiétude liée au danger qui menaçait l'enfant et la mère.

Toutefois, l'accouchement était une affaire de femmes. Les hommes ne s'en mêlaient pas. Aussitôt que l'événement se précisait, elles accouraient de tout le village. Le mari, lui, poursuivait ses travaux aux champs ou à l'atelier, et s'en revenait le soir en espérant trouver son épouse en vie.

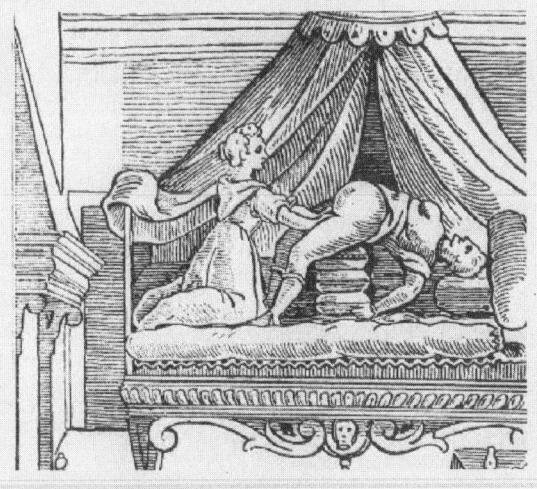

Plus grave que la mort d'un nouveau-né : l'absence de baptême !

La mortalité infantile a longtemps été un véritable fléau. On ne peut pas dire si nos ancêtres ont aimé leurs enfants autant ou moins que nous. Mais il est certain, d'une part, qu'ils avaient une progéniture bien plus abondante que la nôtre, et d'autre part, qu'ils étaient si habitués à voir des enfants mourir qu'ils vivaient ce genre d'épisode avec beaucoup moins de chagrin que nos contemporains.

Le fait qu'un enfant meure peu après sa naissance n'était donc pas particulièrement tragique. En revanche, il était très grave qu'il décède sans avoir reçu le sacrement du baptême. Car le baptême lavait l'enfant du péché de chair dont ses parents s'étaient nécessairement souillés pour le concevoir...

Avant cette cérémonie, l'enfant n'avait pas de nom – lui donner un nom avant le baptême était une façon d'attirer le mauvais œil sur la famille. Et si l'enfant mourait avant d'avoir reçu ce sacrement, il était condamné à une errance éternelle dans les limbes, la porte du paradis chrétien lui étant définitivement fermée... Il ne pouvait pas bénéficier de funérailles religieuses, ni même être enterré dans le cimetière paroissial !

Il était donc très important de baptiser au plus vite les nouveau-nés. C'était là l'un des rares moments où nos ancêtres, qui vivaient lentement, étaient soudain très pressés.

Dès le lendemain de la naissance, quel que soit le climat ou l'état de santé du nouveau-né, ils se précipitaient à l'église pour le faire baptiser. La plupart du temps, la mère, encore alitée, n'assistait donc pas au baptême de ses enfants. Et lorsqu'un nouveau-né menaçait de mourir avant qu'on ait pu se rendre à l'église, la sage-femme était mise à contribution pour administrer le sacrement.

C'est pourquoi il était capital qu'elle fasse preuve d'une piété irréprochable.

Petite histoire de la césarienne

La césarienne existe depuis des millénaires. Cette opération chirurgicale consiste à extraire l'enfant de l'utérus de sa mère en pratiquant une incision dans sa paroi abdominale. Un ancêtre de Jules César, dit-on, était né de cette manière. En latin, *cæsar* signifie « enfant mis au monde par incision », et ce surnom serait donc resté accolé à celui du futur empereur.

Le problème, c'est que très longtemps, la césarienne n'a été pratiquée que sur le corps de mères mortes en couches. Il faut attendre l'an 1500 pour voir quelqu'un tenter cette opération sur une femme encore en vie. Par la suite, bien qu'elle soit de plus en plus fréquemment pratiquée, la césarienne reste une intervention à haut risque : au début du XIXe siècle, cinq opérées sur six ne s'en relèvent pas...

Dans la seconde moitié du XIXe siècle, les progrès de l'asepsie et l'amélioration de la technique chirurgicale rendront l'opération moins risquée. Au XXe siècle, l'apparition des antibiotiques permettra de pratiquer des césariennes avec un risque minimum pour la mère comme pour l'enfant.

DE LA MATRONE
À LA SAGE-FEMME

Avant que son précieux savoir ne fasse parler d'elle comme d'une *sage-femme*, l'accoucheuse était souvent appelée *matrone* ou *bonne-mère*. Longtemps, ce personnage indispensable de la communauté ne reçut aucune formation : son apprentissage se limitait sommairement au fait d'avoir assisté la matrone qui l'avait précédée dans sa fonction.

L'accoucheuse est une femme d'âge mûr, ayant elle-même eu de nombreux enfants. Elle est respectée de tous et irréprochablement pieuse, car lorsqu'un nourrisson naît en mauvaise santé, c'est à elle qu'il incombe de lui donner le baptême avant qu'il ne décède.

Lorsqu'elle est convoquée dans une maison où une femme est sur le point d'accoucher, elle se présente munie d'un attirail des plus rustiques, qui a le don d'inspirer la terreur. Car avec ses crochets, ses leviers, ses tire-têtes et ses forceps, la matrone malmène les chairs des femmes et le corps des nourrissons. Elle ne fait pas dans la délicatesse : dans bien des cas d'enfants mort-nés, la cause du décès ne fait guère de doute…

Pour pallier la douleur et le risque, l'accoucheuse dispose d'un arsenal médical fort réduit : le seul soin pratiqué, notamment en cas d'accouchement difficile, restera longtemps… la saignée !

Selon les circonstances et les régions, le nouveau-né subit les traitements les plus étranges. On le trempe dans du vin chaud, on le frictionne au vinaigre, on le lave avec du beurre dans un bain à l'eau-de-vie… Certaines de ces pratiques sont résolument barbares. Par exemple, il n'est pas rare que la sage-femme se prenne à remodeler le visage d'un nouveau-né qui ne lui revient pas. Malaxant sans vergogne cette petite tête déjà bien malmenée par l'accouchement et les forceps, elle y imprime des déformations qui, à l'âge adulte, seront dignes de Picasso !

DES BÂTARDS HÉRITIERS AUX HORDES D'ENFANTS ABANDONNÉS

Nos ancêtres, il est vrai, se marient tous et se marient jeunes. Néanmoins, la contraception n'existant pas, les enfants conçus hors du mariage sont nombreux. Au Moyen Âge, les seigneurs ne se gênent pas pour séduire nombre de femmes, tout particulièrement parmi leurs servantes ou les paysannes de leur seigneurie. De ces amours multiples et désordonnées naissent de nombreux bâtards. Longtemps, ces enfants conçus hors mariage ont des droits. Ils sont par exemple inclus dans le testament de leur père et leur statut de bâtard n'est pas frappé d'infamie.

Mais au fil du temps, les familles regimbent de plus en plus à partager le magot de l'héritage avec des dizaines de bâtards. Et puis, l'Église ne condamne-t-elle pas l'adultère ? Le XVIIᵉ siècle marque un changement des mentalités. Bientôt, seul le roi conserve le privilège de laisser derrière lui des bâtards – souvent fort nombreux, d'ailleurs. Dans le reste de la société, les naissances hors mariage sont de plus en plus mal vues.

Avec l'avènement de la société industrielle et l'exode rural, le mariage voit sa signification morale et sociale s'estomper. Si les campagnes restent attachées à la tradition, dans les milieux populaires des villes, les situations illégitimes se multiplient, et dans leur sillage, les abandons d'enfants. À la fin du XVIIIe siècle, rien qu'à Paris, ce sont quatre à sept mille nourrissons anonymes qui sont déposés chaque année dans une ruelle ou sur le perron d'une église !

Grâce aux hôpitaux et aux hospices qui les recueillent, les chances de survie de ces enfants abandonnés s'accroissent peu à peu. La plupart du temps, lorsqu'ils sont trouvés, ils n'ont même pas de nom. C'est donc un curé ou quelque préposé de l'hôpital qui se charge de leur en fabriquer un, selon l'inspiration du moment, la date, les circonstances, le saint que l'on fête ce jour-là.

Mais quel avenir pour ces hordes d'enfants abandonnés ? Ils forment une population nombreuse, mais malheureuse, et dont les perspectives de vie sont bien maigres. Ceux qui ne servent pas de chair à canon ont malheureusement toutes les chances de finir mendiants, vagabonds ou bandits.

LES COUCHES-CULOTTES JETABLES : UNE INVENTION RÉCENTE

Savez-vous que les premières couches-culottes jetables ont été commercialisées en 1961 ? C'est la firme américaine Procter&Gamble qui a apporté aux mamans du monde entier cette innovation, transformant radicalement leur quotidien. Plus besoin de nettoyer des tonnes de langes en tissu ! Des langes quotidiennement souillés que nos ancêtres, peu soucieux d'hygiène, se contentaient la plupart du temps de faire sécher avant de les réutiliser, considérant que sa propre crasse était le meilleur rempart du bébé face aux maladies… On comprend pourquoi les enfants d'autrefois étaient plus vite enclins à devenir propres que les bambins d'aujourd'hui : l'inconfort des langes et l'impatience des mères et des nourrices étaient des incitations fortes ! Malheureusement, chaque avantage a son inconvénient.

En effet, de nos jours, les quelque sept mille couches-culottes pleines de produits chimiques et non recyclables que consomme un enfant avant de devenir propre sont devenues un véritable problème écologique.

QUAND ON N'AVAIT PAS DE NOM DE FAMILLE

Jusqu'au milieu du Moyen Âge, ce que nous appelons aujourd'hui le prénom était le seul nom qui désignait une personne. Les individus ne se souciaient pas de se présenter autrement que par leur nom de baptême et aucun élément de l'identité ne se transmettait d'une génération à la suivante.

Il faut attendre le tournant du XIIIe siècle pour qu'un nom de famille commence à s'accoler au nom de baptême. Car dans le courant du Moyen Âge, dans les bourgs où la population se densifie, il devient difficile de s'y retrouver entre les différents individus portant le même nom de baptême. Très naturellement, des surnoms vont donc apparaître, qui permettront de savoir toujours de qui on parle. Le plus souvent, le surnom désigne le métier exercé par l'individu (Boulanger, Berger, Taillandier, Vacher), mais un sobriquet peut également naître d'une particularité physique du personnage (Lefort, Legrand), d'une anecdote mémorable, de son caractère (Bonvoisin,

Levaillant), ou de sa région d'origine (Bourguignon, Danjou). Ce sont souvent ces surnoms qui vont suivre la descendance de la personne et se fixer pour donner un nom de famille.

Bien sûr, le temps fera son travail sur ces noms « de famille », qui évolueront, se modifieront et acquerront peu à peu la formidable diversité qu'on leur connaît.

Diversité accrue par le fait que, l'orthographe n'étant point le fort de nos ancêtres, celle des patronymes ne se fixa que progressivement, entre les XVIIe et XIXe siècles, ce qui rendit possibles toutes les interprétations et toutes les originalités.

Un ou plusieurs prénoms ?
Une question de mode…

L'habitude de donner plusieurs prénoms n'est apparue qu'au XVIIe siècle. C'est à cette époque, dans les couches bourgeoise et aristocratique de la société, qu'on adopte cet usage, destiné à évoluer au fil du temps et au gré des modes. À certaines époques, une véritable surenchère s'instaura, qui conduisit certaines familles à écraser chaque nouveau-né sous une pléiade de prénoms – peut-être très chic, mais assurément inutile.

À LA DERNIÈRE
MODE

ON NE SE BALADAIT PAS TOUS
LES JOURS EN COSTUME TRADITIONNEL

Contrairement à ce que l'on pourrait croire, et en dépit de ce que laisse entendre la promotion touristique de nos régions, le costume traditionnel n'était pas autrefois l'habit de tous les jours. Il ne faut pas imaginer les Alsaciennes allant au puits ou au lavoir parées de leurs vastes coiffes, ni les Bretonnes effectuant leurs travaux quotidiens en tablier de velours et coiffées de leur bigouden.

Ces costumes folkloriques ont beau être devenus des symboles identitaires, ils sont généralement d'invention récente.

Du reste, nos arrière-grands-pères réservaient ces tenues d'apparat aux jours de fête et se gardaient bien de les sortir de leur armoire pour travailler – ce qui aurait été fort peu commode.

Les vêtements d'autrefois n'étaient pas faits pour être beaux, mais pour protéger les corps du froid et des agressions de la vie quotidienne, du contact de la végétation, des outils et des animaux. Des vêtements frustes, mais résistants, qu'on n'achetait pas lors de séances de shopping, mais que les mères de famille confectionnaient elles-mêmes. On se les transmettait dans les familles et on les usait jusqu'à la corde, car ils étaient extrêmement coûteux à l'achat.

Chez les pauvres, la plupart des vêtements étaient faits de laine et de toile de chanvre. Aux jours de fête, les vêtements colorés, les cotonnades (qui n'arrivèrent qu'au XVIIIe siècle) et les étoffes de lin. La soie, les dentelles ou la fourrure étaient bien sûr réservées à l'élite.

Nos ancêtres portaient tous des robes !

Au Moyen Âge, ne cherchez pas d'homme en gilet ou en pull car, autrefois, tout le monde portait des robes. Les plus riches portaient des tuniques longues, éventuellement resserrées à la taille par une ceinture. Les paysans, eux, se contentaient d'un modèle plus court, moins coûteux et entravant moins les mouvements.

Par temps froid, on passait volontiers une fourrure ou un lainage par-dessus sa tunique, mais encore fallait-il en avoir les moyens. En revanche, ne cherchez pas de chemisette ni de linge de corps en dessous de la robe : il n'y en avait pas. Le vêtement était directement passé sur la peau nue. C'est à la Renaissance qu'apparaît le *pourpoint*, une tunique assez courte, souvent brodée et rembourrée de laine. Un vêtement qui va faire fureur dans les classes aisées, tandis que les paysans continuent de porter des chemises de chanvre recouvertes de blouses. Le *justaucorps* apparaît au XVIIIᵉ siècle. C'est une évolution du pourpoint, plus serré, muni de manches et de basques longues, que l'on porte avec une culotte et une veste à basques : peu à peu, on s'approche de ce que nous continuons d'appeler le *costume*.

Culottes et sans-culottes

Les sans-culottes, révolutionnaires emblématiques issus du peuple en 1789, étaient-ils si pauvres qu'ils étaient forcés de se balader les fesses à l'air ? Bien sûr, toute légitime qu'ait été leur révolte, ils avaient tout de même des pantalons à se mettre... C'est qu'à l'époque, le terme *culotte* ne désignait pas un sous-vêtement mais un vêtement ample qui descendait des hanches jusqu'aux genoux, protégeant ainsi ce qu'on appelait autrefois sans aucune vulgarité, le *cul*... Le hic, c'est qu'en cette fin du XVIIIᵉ siècle, les culottes n'étaient généralement portées que par l'aristocratie et les bourgeois. Très logiquement, les couches populaires, où les messieurs portaient tout simplement des pantalons grossiers, furent baptisés les *sans-culottes* dès qu'ils firent, par leur soulèvement, leur entrée sur la scène politique.

LE PANTALON : UNE LONGUE HISTOIRE ET UNE HISTOIRE DE LONGUEUR

Même si dans les limbes de l'histoire, c'est plutôt la tunique ou la robe qui couvrait les jambes de nos lointains ancêtres romains ou grecs, le pantalon n'est pas né avec le blue-jean ! Longtemps avant les cow-boys, les peuples de la nuit des temps qui avaient domestiqué le cheval ont découvert les bienfaits du pantalon lors des longues chevauchées. Plusieurs siècles avant J.-C., les cavaleries chinoises portaient ce vêtement que l'on retrouve ensuite chez les cavaliers scythes ou achéménides, puis chez d'autres peuples, les Perses par exemple, qui en portaient sous leurs robes.

En Europe, c'est sous le nom de *braies* que nos ancêtres celtes, gaulois et autres Germains se mirent à porter des pantalons. Les braies des Gaulois sont amples, serrées aux chevilles par un cordon et remontent au-dessus du bassin, autour duquel elles s'enroulent. De leur nom découlent notamment, dans le langage d'aujourd'hui, les termes de *braguette* et de *débraillé*.

Au Moyen Âge, pour se couvrir les jambes, on porte des *chausses*. Ce sont en quelque sorte des bas épais qui vont par paires et recouvrent la jambe du pied au haut des cuisses. Les chausses sont fixées au hanches par le bas du pourpoint (l'habit qui couvre le torse), au moyen de cordelettes ou de lacets aux bouts ferrés appelés *aiguillettes*. En général, les chausses font office de souliers, c'est pourquoi des semelles de cuir y sont souvent cousues.

Au fil du temps, cet habit traditionnel se modifie. Vers le XIIIe siècle apparaît le *haut-de-chausses*, qui couvre le corps de la ceinture aux genoux. Toujours fermé par une aiguillette, le haut-de-chausses est l'ancêtre de la culotte (au sens ancien du terme), du caleçon long et du caleçon.

Le *bas-de chausses*, quant à lui, descend du genou au bout du pied et préfigure le *bas* (sans être aussi sexy...) mais aussi la *chaussette*, qui n'est autre qu'une « petite chausse ».

Au XVIIe siècle, durant un temps, c'est le *rhingrave* qui aura la faveur des gentilshommes de la cour : rhingrave, c'est le titre allemand du comte de Salm qui popularisa cet accessoire de mode, un haut-de-chausses très ample, sorte de jupe-culotte munie de rubans et dentelles...

Et le pantalon, dans tout ça ? C'est d'Italie qu'il arrivera. Culotte longue caractéristique d'un personnage traditionnel de la Commedia dell'arte, il en adopte le nom : *Pantalone*. C'est ce vêtement qui va, peu à peu, s'imposer dans les milieux populaires européens, qui finiront par le préférer à la traditionnelle culotte.

ET LA BRAGUETTE DANS TOUT ÇA ?

Ce qui s'est autrefois appelé *brayette* est apparu au Moyen Âge. Mais elle n'avait pas la forme que nous lui connaissons, et encore moins la fermeture éclair mise au point beaucoup plus tard, au tournant du XXe siècle. À l'origine, il s'agissait d'une sorte de poche, fixée sur le devant du haut-de-chausses et destinée à protéger la partie que vous imaginez. Mais c'est aussi un accessoire de rangement pratique, où l'on peut aisément loger un mouchoir ou une petite bourse ! Au fil du temps, et surtout parmi les gentilshommes de la Renaissance, la mode consista à porter des braguettes de plus en plus rembourrées. Allez savoir pourquoi, cela donnait à un homme une allure plus puissante... L'arrivée des poches mettra fin à cette surenchère.

Au XVIIIe siècle, si les aristocrates continuent à porter des *culottes à pont* (un rabat en forme de trapèze fixé sur le devant du pantalon par des boutons, et qu'on trouve encore aujourd'hui dans certains uniformes), la grande majorité du peuple se contente d'une fente discrète dont l'utilité ne s'est, depuis lors, pas démentie !

NOS ANCÊTRES PORTAIENT TOUS LES CHEVEUX LONGS !

Jusqu'au XIXe siècle, tout le monde porta toujours les cheveux longs, à l'exception des moines tonsurés. Les hommes portaient au surplus barbe et favoris, une habitude qui se mit à changer au gré des modes à partir du XVIIe siècle.

Autrefois, être rasé de près était une gageure pour les pauvres qui ne pouvaient pas se payer les soins d'un barbier. Une lame, un peu de savon et un peu d'eau : le rasage était une opération délicate qu'on réservait souvent aux dimanches et aux jours de fête. Quant aux femmes, elles aussi portaient les cheveux longs mais elles devaient les couvrir pour sortir, car se montrer « en cheveux » était fort mal vu. Au XVIe siècle, les favoris d'Henri II, surnommés les mignons, prennent l'habitude de poudrer leurs cheveux : à leur suite, cette mode se propage durablement dans la noblesse. D'abord, on utilise de la poudre d'Argentine, puis de la farine, qu'on applique en grande quantité. Un gaspillage assez choquant quand on sait que, dans nos campagnes, à cette époque, on ne mange pas tous les jours à sa faim, et qui ne manquera pas de faire polémique sous le règne de Louis XVI, au temps des premiers soubresauts révolutionnaires.

La perruque : la mode de tous les excès

A partir du XVIe siècle, le port de la perruque se répand à la Cour et dans la noblesse. En peu de temps, la perruque devient un accessoire incontournable, aussi bien pour les hommes que pour les femmes. À partir du XVIIe siècle, cette mode donnera lieu à tous les excès. Les perruques deviennent très élaborées et de plus en plus imposantes. On se souvient par exemple de la longue chevelure bouclée qu'arborait Louis XIV, ou des perruques gigantesques que portait Marie-Antoinette, et que ses courtisanes s'empressaient d'imiter. Les perruques bon marché étaient fabriquées en crin de cheval mais les exemplaires les plus luxueux comportaient de véritables cheveux. C'est pourquoi, dans le petit peuple, on a vu plus d'une fois des femmes désargentées vendre leur chevelure à des perruquiers afin de subvenir aux besoins de leur famille ou de se constituer une dot.

Les sous-vêtements, une habitude récente

L'apparition des sous-vêtements est étroitement liée à la question de l'hygiène qui, comme on le sait, n'était pas vraiment la première préoccupation de nos aïeux. Ils portaient leurs vêtements à même la peau sans se poser plus de questions. C'est pourquoi les culottes et autres slips n'ont fait leur apparition qu'au début du XXe siècle. Jusque-là, il était de coutume de bien rentrer sa chemise dans son pantalon, afin que celle-ci descende assez bas pour protéger les parties délicates des frottements désagréables. D'où l'expression *être comme cul et chemise*, qui pour nos arrière-grands-pères évoquait une image évidente.

Lorsqu'il faisait froid, on se protégeait les jambes en portant des bas qui devinrent par la suite des caleçons longs. Lesquels, en se raccourcissant, finirent par donner naissance au caleçon masculin tel que nous le connaissons.

Du corset à la *gorgerette* : comment est né le soutien-gorge

Le besoin des femmes de maintenir leur poitrine pour rendre leurs mouvements plus aisés remonte aux origines de l'humanité. Tout comme l'importance symbolique et sociale portée au fait que la poitrine des femmes soit visible ou non, mobile ou entravée, mise en valeur ou cachée.

Au fil de l'histoire, les femmes se sont souvent enrubannées de bandes de toile, parfois dans le but de se donner une silhouette androgyne.

En France, l'âge du corset commence au XVIᵉ siècle. Symbole de droiture morale et de respectabilité des mœurs, ce carcan fermé dans le dos par un étroit laçage et renforcé de baleines en métal va se répandre dans toute la société aux XVIIᵉ et XVIIIᵉ siècles.

Malgré une brève disparition à l'époque de la Révolution française, le corset refait son apparition au début du XIXᵉ siècle. Mais alors, il n'écrase plus les seins des femmes : il les sépare et les soutient, tandis que sa forme s'allonge et vient recouvrir le haut des hanches.

C'est en 1859, à New York, qu'apparaît le premier modèle de soutien-gorge. Mais celui-ci est très inconfortable et il faut attendre l'exposition universelle de 1889, à Paris, pour que la dénommée Herminie Cadolle présente un modèle de corset allégé dont la partie haute évoque les soutiens-gorge actuels. Baptisé *Bien-être*, ce vêtement ne rencontra pas de succès commercial, ce qui fut également le cas du modèle créé en 1913 par Mary Phelps Jacobs, qui avait l'avantage de posséder deux poches séparées pour accueillir les deux seins. D'abord appelé *gorgerette* puis *maintien-gorge* avant de prendre son nom définitif, le soutien-gorge va pourtant s'imposer avec le temps.

Dans les années 1920, le lin cède sa place à la mousseline, à la batiste ou même à la soie, avant que la rayonne ne fasse son apparition dans la décennie suivante, et permette de produire à meilleur marché ces accessoires de luxe. D'autres innovations suivront : tissus et bretelles élastiques, déclinaison en plusieurs formes de bonnets. Dans les années 1960, la firme Playtex commercialise le premier modèle de soutien-gorge à armature non métallique, le célèbre *Cœur croisé*. Dans la même décennie apparaît le fameux *Wonderbra*, dont le succès explosera dans les années 1990. Mais ceci est une autre histoire…

Le nylon, une révolution pour les jambes des femmes

Il aura fallu attendre la Libération, en 1945, pour que les bas de laine ou de coton, qui depuis le Moyen Âge avaient caché les jambes des femmes, trouvent leur digne successeur : le bas Nylon. Désormais, les formes des femmes ne seront plus cachées. Le bas de leurs jambes devient visible et les jupes finissent même par remonter au-dessus des genoux ! Entouré d'un parfum de scandale, le Nylon a permis à la femme de rompre un carcan et de mettre fin à une censure qui durait depuis des siècles.

QUAND LES ROBES DES FEMMES RESSEMBLAIENT À DES MONTGOLFIÈRES

C'est à la cour d'Espagne, au XVIIe siècle, qu'apparut la mode des *paniers*, ces armatures que les femmes portaient sous leur robe pour accentuer leurs formes et affiner leur taille. Au XVIIIe siècle, la tendance est aux paniers larges sur les côtés mais plats devant et derrière.

À la cour de Louis XVI, dans le sillage des excès de Marie-Antoinette, les femmes porteront des paniers de plus en plus larges, au point qu'on se demande comment elles passaient les portes !

Au XIXᵉ siècle, la mode se modifie. La *crinoline* fait son apparition. Cette large armature donnant aux robes une forme de cloche connaîtra son apogée sous le Second Empire. À cette époque, l'habillage de la bourgeoise est une opération considérable, qui prend plusieurs heures et nécessite l'aide d'une femme de chambre. Celle-ci noue les lacets, fixe les corsets, ferme toutes sortes de boutonnières, coiffe sa maîtresse et couronne la coiffure d'un chapeau, car sortir « en cheveux » serait inconvenant. Les crinolines, devenues gigantesques, prennent des allures de montgolfières ! Ainsi vêtues, les femmes éprouvent les plus grandes difficultés à se mouvoir et à faire des choses aussi simples que de... monter un escalier.

LA FRAISE, ANCÊTRE DE NOTRE BONNE VIEILLE CRAVATE

Dans la seconde moitié du XVIe siècle et au début du XVIIe, la noblesse et la bourgeoisie portent des *fraises*, ces collerettes empesées faites d'un linge à multiples replis. Au départ, il ne s'agit que du col de la chemise traditionnelle qui s'agrémente de quelques ondulations. Mais bientôt, cette collerette devient un élément de la toilette à part entière, détaché de la chemise. Elle prend de la hauteur, s'épaissit et se complique de plus en plus, pour atteindre un diamètre si important qu'il devient difficile de dîner avec sans en faire un garde-manger...

Vers 1650, le *jabot* fait son apparition. Il s'agit d'une pièce de toile fine, dentelle ou batiste, qui se fixe au col de la chemise, et dépasse de la veste qu'on porte par-dessus. Le jabot va remplacer la fraise dans le costume traditionnel des gens aisés, avant que la cravate ne fasse son apparition et ne le remplace à son tour.

La cravate des premiers temps est constituée d'une large bande de coton, souvent décorée de dentelle. Elle s'enroule autour du cou et se noue au-dessus du col, ses deux extrémités pendant sur la poitrine.

Par la suite, la succession des modes va lui faire connaître de nombreuses transformations. Décorée de rubans multicolores sous Louis XIV, elle passe ensuite dans la boutonnière de l'habit, avant de servir, à la fin du XVIIIᵉ siècle, à maintenir les cheveux à l'arrière de la tête. Les différentes époques verront se populariser différentes façons de faire le nœud, toutes fort compliquées, si bien que les cravates seront fréquemment vendues nouées !

Au début du XXᵉ siècle, les nœuds se simplifient : la cravate devient la *Régate* et le nœud papillon fait son apparition. La 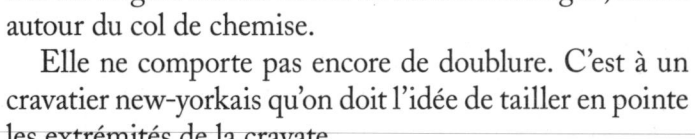 cravate Régate est une bande de tissu assez longue, nouée autour du col de chemise.

Elle ne comporte pas encore de doublure. C'est à un cravatier new-yorkais qu'on doit l'idée de tailler en pointe les extrémités de la cravate.

La mode n'a pas fini de changer, mais la cravate que nous connaissons est née.

QUAND LE MAILLOT DE BAIN CACHAIT LE CORPS

Au XIXᵉ siècle, quand aller à la plage devient à la mode, il n'est bien sûr pas question de s'installer en monokini sur une serviette pour une séance de bronzette ! À cette époque, on ne connaît ni d'huile de bronzage ni la crème solaire.

Ces dames, quand elles profitent de la plage, doivent se protéger du soleil. Elles ne quittent pas leur ombrelle et portent un costume de plage qui rappelle leurs vêtements de ville : crinoline, chapeau à voilette, blouse à manches longues.

Puis, pour la baignade, madame se rend dans une cabine ou elle troque sa tenue contre un costume de bain, qui couvre l'ensemble de son corps, lequel doit rester blanc et pudique. C'est donc en pantalon et blouse à manches longues, et la tête couverte, qu'elle se jette à l'eau, brièvement et au pied de sa cabine, avant d'y remonter pour se changer et passer à nouveau son costume de plage.

Avec le développement du tourisme de bord de mer, de nouvelles tenues de bain apparaissent, moins encombrantes mais cachant tout de même les formes.

D'une plage à l'autre, des espaces sont consacrés aux tenues plus ou moins légères dans lesquelles les gens prennent leur bain.

Par la suite, le maillot devient collant, et dès lors que la mode du bronzage sera lancée, à partir des années 1920, les maillots des femmes seront promis à devenir de plus en plus légers et discrets.

Mais je ne vous apprends rien...

La drôle de mode des faux grains de beauté : les mouches

Aux XVIIe et XVIIIe siècles, la cour du roi et l'aristocratie française observèrent une curieuse habitude, qui consistait à se coller un faux grain de beauté dans le visage. Celui-ci était destiné à faire ressortir le teint blanc comme l'albâtre des femmes au visage poudré, qui s'abritaient soigneusement des rayons du soleil.

La mouche, comme on appelait ce faux grain de beauté de taffetas ou de mousseline noire, était riche de significations. En effet, selon l'endroit où elle était apposée dans le visage de la dame, elle était censée en dire long sur son caractère et son humeur : les passionnées la mettaient sous leur œil, les discrètes sous la lèvre, les joyeuses sur la fossette de leur sourire et les coquines au coin des lèvres.

Sous Louis XIV, on verra les hommes adopter cette coquetterie, dont la mode ne survivra pas au XIXe siècle.

Le parapluie, un accessoire réservé aux riches

Le parapluie est né en 1730, lorsqu'un artisan parisien eut l'idée géniale de fabriquer des ombrelles garnies de toile cirée, permettant de se protéger de la pluie.

Le parapluie fut longtemps réservé aux nantis. Car autrefois, pour se protéger de la pluie et du froid, point de doudoune ni de coupe-vent en plastique. Et le coût prohibitif des manteaux faisait que l'immense majorité de nos aïeux n'en possédait pas. Ils se protégeaient tant bien que mal sous de nombreuses épaisseurs d'étoffe, des peaux de bêtes, des bas, des bonnets et des chapeaux. Les jours de pluie, ils rentraient des champs *trempés comme des soupes*, disaient-ils, par allusion au morceau de pain sur lequel on versait autrefois la soupe pour le *tremper*.

C'EST DU PROPRE !

NOS ANCÊTRES
NE VIVAIENT PAS VIEUX...

Jusqu'à la seconde moitié du XVIIIᵉ siècle, la durée de vie moyenne en France était de 25 ans. 1750 marque un tournant, car à partir de là les grandes crises – guerres, famines et épidémies – tendent à s'espacer. Les progrès de la médecine permettent de prolonger la vie mais surtout de faire baisser la mortalité infantile. Celle-ci connaîtra un nouveau pic au moment de la Révolution industrielle, du fait des conditions de vie difficiles dans les villes-ateliers qui ont poussé comme des champignons.

Néanmoins, en-dehors des périodes de guerre, l'espérance de vie ne cesse de croître. Elle est de 43 ans en 1850. Avec l'apparition de la vaccination et les progrès de l'hygiène, la vie continue de se prolonger. À la veille de la Seconde Guerre mondiale, elle atteint les 60 ans... Ce qui nous semble bien peu, au regard de notre propre espérance de vie : en France, aujourd'hui, on peut compter vivre en moyenne jusqu'à l'âge de 81 ans.

... ET LA PLUPART DE LEURS ENFANTS
MOURAIENT EN BAS ÂGE

Au XVIIIᵉ siècle, un enfant sur quatre n'atteint pas l'âge d'un an. Les progrès seront lents pour obtenir le taux de mortalité infantile de 4 enfants pour 1000 observé au début du XXIᵉ siècle.

Si le nourrisson né au Moyen Âge a eu le bonheur de survivre à la brutalité de l'accouchement, il a toutes les chances de mourir dans les jours qui suivent, trimballé dans le froid d'une église pour y être baptisé, pas ou presque pas lavé, et manipulé avec rudesse.

Dans un monde où la médecine est encore méconnue, accidents, infections et maladies menacent constamment les enfants.

Les maladies infantiles, comme la rougeole contre laquelle les enfants sont aujourd'hui vaccinés, sont des maladies graves et dangereuses.

Mais ce ne sont pas les seules : il y a aussi la variole, la diphtérie, le croup, les vers, le rachitisme… Une simple diarrhée peut être mortelle.

Ces dangers sont aggravés par un manque d'hygiène généralisé : dans la maison paysanne, tout le monde partage le même espace et la même couche. L'air est vicié, jamais renouvelé, et le nouveau-né voisine avec le vieillard agonisant. Les enfants ne sont guère lavés, d'ailleurs la tradition veut que la crasse protège le bébé des maladies.

La plupart du temps, ses langes souillés sont simplement séchés et réemployés sans lavage préalable, et les tétines des premiers biberons, au XIXᵉ siècle, ne sont jamais nettoyées…

L'enfant d'autrefois est donc sale, il vit avec les poux, avec la teigne.

Lorsqu'il tombe malade, aucun médecin ne vient à son chevet : les pédiatres n'existent pas. Invoquer des saints, plonger l'enfant souffrant dans quelque fontaine bénie ou faire appel à la magie d'une amulette, voilà tout ce que peuvent faire des parents pour protéger leurs rejetons.

Les enfants issus des couches privilégiées de la société ne sont pas logés à meilleure enseigne. Dès le XVIᵉ siècle, dans ces milieux, le recours à l'allaitement mercenaire se généralise.

Jusqu'au XIXᵉ siècle, il n'est pas question pour une mère de la bourgeoisie ou de la noblesse d'allaiter elle-même ! Il est donc d'usage de payer les services d'une nourrice professionnelle.

Un métier susceptible de rapporter un pactole à des femmes issues des couches populaires.

Ainsi qu'un confort et un statut privilégié, lorsqu'elles sont nourries et logées par leurs employeurs.

Mais pour l'enfant, le fait d'être placé sous la responsabilité d'une nourrice est source de multiples périls : mauvais traitements, négligence…

Tant d'enfants meurent que les nourrices peu scrupuleuses sont rarement inquiétées lorsqu'un décès survient. Comme on l'imagine, elles préfèrent réserver leur lait aux enfants des bons payeurs.

Autant dire que les enfants des pauvresses contraintes de travailler pour nourrir leur famille, qui n'ont pas d'autre choix que de confier leurs bébés à des nourrices, ne risquent pas de manger à leur faim…

Un enfant tous les ans !

« Croissez et multipliez ! » dit la Bible. La fécondité des chrétiens a toujours été la priorité numéro 1 de l'Église. Du reste, elle voyait d'un fort mauvais œil toute relation charnelle, même dans le cadre du mariage, qui n'aurait pas eu la procréation pour finalité...

Jusqu'au XVIIIe siècle, les femmes mettaient au monde une moyenne de 10 à 16 enfants au cours de leur vie, parfois plus ! Il faut dire que leur fécondité ne faisait l'objet d'aucun contrôle.

Les femmes qui allaitaient leurs enfants parvenaient parfois à espacer les grossesses d'une vingtaine de mois. Mais si elles n'allaitaient pas – ce qui constituait la majorité des cas dans les milieux aisés –, elles mettaient au monde un enfant tous les dix à douze mois... Beaucoup de ces rejetons ne tardaient pas à mourir, quand la mère elle-même ne mourait pas en couches.

Mais on imagine aisément le malheur, voire la malédiction que représentait pour un couple un problème de stérilité. Non seulement c'était une situation infamante mais elle privait la famille d'une main-d'œuvre abondante et gratuite : économiquement, c'était une catastrophe !

Avant l'eau courante : l'eau puante !

Pas facile de vivre sans eau courante ! Ni toilettes, ni douche, ni lavabo. Pas même une carafe d'eau du robinet pour se rafraîchir ou préparer la soupe...

Dans la société d'autrefois, chercher l'eau était une fonction dévolue aux femmes et aux jeunes filles. C'étaient elles qui s'en allaient au puits ou à la rivière emplir leur seau, qu'elles devaient ensuite transporter jusqu'à la maison, en toute saison et par tous les temps. Qui ne se souvient pas de la pauvre Cosette, envoyée en pleine nuit chercher de l'eau au fond des bois par les méchants Thénardier ?

Le problème, quand l'eau ne vient pas à vous, mais que vous devez aller la chercher, c'est que chaque goutte en devient précieuse, même si elle provient de quelque marigot croupissant et qu'elle est trouble et infestée d'insectes. Ainsi, nos ancêtres se montraient économes à l'extrême avec ce précieux liquide, quitte à mettre sans le savoir leur santé en péril. Car pour ne pas gaspiller, toute la famille faisait sa toilette dans la même bassine, dont l'eau était aussitôt recyclée pour nettoyer la vaisselle, ou cuisiner et boire...

Se laver : une mode
qui va et qui vient...

Paradoxalement, ce n'est pas au Moyen Âge que nos ancêtres furent les plus sales, mais plus tard, à la Renaissance. En effet, parmi les recommandations, certes parfois farfelues, de la médecine médiévale, figuraient le fait de prendre des bains d'eau chaude, de se frictionner à l'eau froide, de se peigner les cheveux et de se laver les dents. C'est pourquoi nobles et bourgeois faisaient volontiers l'effort de s'équiper de baquets permettant de prendre des bains ou de se rendre aux étuves publiques.

Mais à la Renaissance, cette culture disparaît. Les étuves sont fermées à cause de leur réputation licencieuse. Faire l'effort de transporter l'eau, voire de la chauffer, afin de s'y nettoyer, passe de mode. D'autant qu'aux XVIᵉ et XVIIᵉ siècles, l'eau chaude a fort mauvaise presse : on la soupçonne de propager les maladies. On ne s'embarrasse donc plus guère à se laver...

Plutôt que de faire sa toilette, on change de toilette ! Chacun prend l'habitude de nager dans le fumet qu'il dégage et de s'accommoder des odeurs des autres. Sentir fort n'est pas une honte, au contraire, c'est signe de vigueur et de santé...

Dans les milieux aristocratiques, afin de couvrir les relents les plus nauséabonds, on prend l'habitude de s'asperger de parfum et de poudre. Lavande, girofle, fleur d'oranger, musc, civette... D'ailleurs, les artisans gantiers sont aussi parfumeurs et ne vendent jamais leurs articles sans les imbiber de senteurs à la mode.

Il faudra attendre le XVIIIᵉ siècle pour que le bain redevienne d'actualité à la Cour et dans les milieux aisés.

Le bourgeois se fera livrer son bain à domicile par des porteurs d'eau spécialisés, avant de s'équiper d'un *tub*, un baquet servant à faire ses ablutions.

Nos ancêtres des campagnes, eux, ne se lavaient guère durant la saison froide, mais n'hésitaient pas à aller se baigner dans les rivières et les torrents en été, ce qui leur assurait tout de même un minimum d'hygiène...

L'arrivée de l'eau courante à la fin du XIXe siècle rendra de grands services à l'hygiène, et viendra à l'appui des recommandations hygiénistes de l'époque. Toutefois, si les demeures bourgeoises ne tardent pas à s'équiper de salles de bains, dans beaucoup de logements, l'eau courante ne consistera longtemps qu'en un robinet unique d'eau froide, au-dessus de l'évier de cuisine... Pas idéal pour faire sa toilette ! Pour que la majorité des logements disposent d'une salle d'eau digne de ce nom, il faudra attendre les Trente Glorieuses, c'est-à-dire la vague de progrès qui a accompagné la reconstruction, après la Seconde Guerre mondiale.

Se soigner au temps
où la médecine n'existait pas

Nos ancêtres n'étaient pas comme nous fourrés tous les quatre matins chez le médecin. S'aliter, ne pas travailler était d'une part mal vu et d'autre part rendu impossible par l'absence de protection sociale et d'aide possible pour les travaux du quotidien.

Quand on était malade ou blessé, prenait-on pour autant son mal en patience ? Pas nécessairement. Simplement, autrefois, on se soignait autant voire plus grâce à la superstition que grâce à des médicaments ou à des soins. On connaissait bien mieux qu'aujourd'hui les vertus des plantes et des fleurs, et les remèdes qu'on dit désormais « de grand-mère » se transmettaient de génération en génération. Difficile toutefois de fait la part des choses entre les préparations aux vertus médicinales avérées et les décoctions constituées d'ingrédients étranges (sang de bœuf, patte de lapin, crotte de chien…) et qui tiennent essentiellement de la sorcellerie…

Sans compter les recommandations farfelues, qui préconisent par exemple la façon de se vêtir ou les amulettes qu'on doit emporter avec soi si l'on prétend guérir de tel ou tel mal.

Ce n'est qu'en 1892 qu'une loi interdit aux rebouteux, sorciers et autre guérisseurs d'exercer leurs fonctions, au profit de médecins dûment formés.

Mais au temps où la médecine n'était pas la science exacte qu'elle aspire désormais à être, c'était, comme en toutes choses, la religion qui lui tenait lieu de remplaçante. Aussi bien que nous nous en remettons au docteur ou au pharmacien, nos aïeux s'en remettaient aux saints de l'Église. Chaque mal avait en quelque sorte son saint patron, qu'il fallait prier pour que la guérison survienne rapidement. Ces qualifications médicales des saints étaient le plus souvent dues à des adages, où la rime comptait au moins autant que les compétences supposées du saint concerné. Dans la plupart des cas, c'était simplement la façon dont il avait subi le martyre qui faisait d'un saint du martyrologe celui qu'il fallait prier : saint Laurent, mort brûlé, était

donc le guérisseur des brûlures et sainte Apolline, à qui ses bourreaux avaient arraché les dents, était spécialisée en dentisterie…

Le chirurgien-barbier : le nom d'un tueur en série ?

Ça pourrait être drôle, mais ce n'est pas le cas. C'est que, tout simplement, les professions de chirurgien et de barbier ont longtemps été associées l'une à l'autre. Il ne fallait pas plus de formation pour exercer l'une que pour exercer l'autre, et du reste, les chirurgiens de l'époque ne pratiquaient pas d'opérations à cœur ouvert... Ils se contentaient souvent de recoudre les plaies, de réduire les fractures et de percer les abcès. Néanmoins, la fréquence des catastrophes a obligé la profession à s'organiser. Et lentement, au fur et à mesure qu'ils recevaient une formation, les chirurgiens ont cessé d'être barbiers.

SAIGNÉES, PURGES ET CLYSTÈRES :
LA MÉDECINE AUTREFOIS

Nous avons des scanners, des appareils de radiologie. Nous avons la cœlioscopie et l'échographie. Une simple prise de sang et votre médecin sait tout ou presque de votre état de santé. Mais tout cet équipement est extrêmement récent !

Imaginez : ce n'est qu'en 1816 que René Laennec invente le stéthoscope ! Avant Ambroise Paré, au XVIᵉ siècle, on ignorait la ligature des artères, qu'on cautérisait à l'huile bouillante. On ignorait aussi, bien sûr, les antidouleurs, ne serait-ce que l'aspirine (qui fut mise au point dans sa forme actuelle en 1897), ainsi que les antiseptiques. Lorsqu'on opérait, en particulier sur les champs de bataille, on ne songeait pas à faire autre chose pour pallier la douleur que de faire boire quelques gorgées de vin au blessé…

Dans nos contrées, durant des millénaires, les médecins connaissaient mal la palpation, ne savaient pas comment prendre la température d'un malade et disposaient de moyens d'investigation très limités. Pour établir un diagnostic, ils ne pouvaient guère s'en remettre à autre chose qu'aux humeurs (bile, mucus et autres substances sécrétées par le corps) et aux déjections des malades.

Sur quoi il ne leur était guère possible, faute de connaissances suffisantes, de prescrire autre chose que l'un des trois remèdes suivants :

• LA SAIGNÉE. Il s'agissait de pratiquer une entaille au creux du coude (qu'on appelle, de ce fait, la saignée) afin de faire s'écouler une petite quantité de sang. Cette pratique était supposée permettre l'évacuation des « humeurs viciées » et la purification du sang. Bien qu'il y ait du vrai là-dedans, la répétition des saignées sur un malade déjà affaibli ne pouvait guère que l'affaiblir davantage...

- LA PURGE. Un remède qui pouvait aussi être préconisé comme un traitement préventif. Le principe est simple : il s'agit de purger l'organisme en vidant sa « tuyauterie ». Le patient devait donc absorber un *purgatif* qui avait la vertu de lui faire aussitôt vider ses intestins.

- LE CLYSTÈRE. Il s'agit ni plus ni moins que d'injecter de l'eau, du lait ou de l'huile dans l'intestin, en passant par l'embouchure naturelle de celui-ci... Avec également l'ambition de purger et de soigner le corps de l'intérieur. Après quoi, le médecin faisait ses recommandations (boire beaucoup de lait ou de vin...) et prescrivait éventuellement quelque remède aux plantes qu'on pouvait aller faire concocter par un apothicaire.

Pauvres docteurs !

Les médecins d'autrefois n'étaient pas la classe de nantis qu'ils constituent désormais. Car c'est la mise en place de l'assurance maladie, à l'issue de la Seconde Guerre mondiale, qui a favorisé l'essor de cette profession. Mais la plupart des Français des campagnes d'autrefois ne voyaient jamais de leur vie un médecin diplômé, formé dans une université.

Le médecin d'antan n'était pas forcément un homme riche, surtout s'il avait la mauvaise idée de s'obstiner à soigner les pauvres (ce qui est encore vrai aujourd'hui). Certes, il était un notable et ses patients, qu'il allait souvent visiter à domicile moyennant de longues équipées à cheval, se mettaient en quatre pour payer ses services. Mais bien souvent, les paysans n'avaient pas un sou vaillant. Ils payaient donc le docteur en nature, à l'aide d'un sac de grain ou d'une volaille vivante... Pas de quoi s'acheter un carrosse tout-terrain...

LES GRANDES PUANTEURS OBLIGENT LES GRANDES VILLES À SE DOTER D'ÉGOUTS

Assez précocement, les monastères et les châteaux ont adopté des systèmes de latrines permettant le déversement des excréments humains dans les fossés ou les rivières. Les paysans, eux, se sont équipés de systèmes de toilettes sèches dans des cabanes séparées des habitations. Cependant, dans les villes, la question de l'évacuation des déjections humaines resta longtemps l'un des principaux problèmes sanitaires.

Au XIXᵉ siècle, les habitations s'équipent progressivement de toilettes à chasse d'eau, qui remplacent les traditionnels pots de chambre. Ce dispositif existe depuis 1592, date à laquelle il a été inventé par l'Anglais John Harington, mais curieusement, il a tardé à s'imposer en Europe. À Londres comme à Paris, les eaux usées de ces installations sanitaires confortables et peu odorantes sont évacuées dans des fosses d'aisance installées dans les caves et les jardins des maisons.

À Londres, les fosses d'aisance furent longtemps vidangées par des *nightmen*, appelés ainsi car ils travaillaient de nuit. Séchés et transportés hors de la ville, les excréments étaient recyclés comme engrais dans les champs. Mais la ville se développait vite, et rapidement, le prix de la vidange devint prohibitif.

Sans compter que les eaux de vidange souffraient de la concurrence de nouveaux engrais comme le guano, un mélange d'excréments d'oiseaux marins et de chauves-souris importé d'Amérique latine.

Bientôt, le contenu des fosses d'aisance fut à nouveau déversé dans la rue. Les caniveaux, conçus pour évacuer les eaux de pluie, se mirent à charrier d'abondantes quantités de matières fécales, auxquelles s'ajoutaient les rejets des usines et des abattoirs...

Ces eaux usées contaminées se déversaient directement... dans la Tamise, dont les Londoniens pompaient l'eau pour leur consommation domestique ! Peu à peu, le fleuve et ses affluents devinrent des cloaques immondes et puants. Mais ce fut lorsque la ville connut un été chaud, long et sec, en 1858, que la situation devint catastrophique. Le niveau des eaux baissa dramatiquement, si bien que la Tamise et toutes les rivières entourant Londres ne furent plus que d'immenses étendues boueuses remplies de matière fécale, de cadavres et de déchets !

La puanteur était si intense que le Parlement anglais, qui siégeait au bord de la Tamise, dut déménager certaines de ses activités. Rapidement, des rumeurs se mirent à circuler, à propos d'invasions de mouches et de propagation d'épidémies. La panique gagna la ville. Fort heureusement, la pluie finit par revenir. Elle regonfla les eaux de la Tamise et mit fin à la Grande Puanteur. Quelques semaines plus tard, les autorités lançaient un vaste projet d'assainissement comprenant l'installation de milliers de kilomètres d'égouts. D'autres villes européennes connurent par la suite des problèmes similaires, telle Paris, où une loi imposant l'installation du tout-à-l'égout fut adoptée en 1880, après un cas semblable de « grande puanteur ».

Comment faisait-on avant d'inventer le papier toilette ?

Il aura fallu attendre 1857 pour qu'un Américain, Eugène Gayetty, commercialise pour la première fois du papier spécifiquement conçu pour un usage hygiénique. Il faudra attendre deux décennies et l'année 1879 pour que quelqu'un ait l'idée de le vendre en rouleaux, et ce n'est qu'à la fin du siècle que le papier hygiénique sera vendu perforé, afin d'en faciliter le découpage. À la même époque, l'usage de papier hygiénique se répand en Europe.

Mais avant, comment faisait-on ? Eh bien, on utilisait des végétaux ou du tissu. Lin, laine, chanvre, et plus tard coton, tout était une question d'époque, de mode et de goût ! Au XVIIIe siècle, la diffusion massive de journaux ne rendra pas service qu'à la diffusion de l'information...

LES PLAISIRS
AU QUOTIDIEN

LES ARTS MARTIAUX DES CHEVALIERS :
LES TOURNOIS

Lorsqu'ils ne faisaient pas la guerre, les chevaliers mettaient leur bravoure à l'épreuve dans des tournois de chevalerie. Les tournois de chevalerie étaient au Moyen Âge ce que les arts martiaux sont à notre époque : un sport viril où les hommes s'affrontaient pour prouver leur courage et leur habileté.

Bien que les règles aient évolué au fil du temps, les tournois continuaient de se pratiquer au début de la Renaissance et étaient l'occasion pour les seigneurs de se faire admirer des dames. Montés sur leurs destriers, les chevaliers s'élançaient l'un face à l'autre. Leur objectif : briser leur lance sur l'armure de l'adversaire. Un sport, peut-être, mais un sport dangereux, comme le prouve l'accident dont le roi Henri II fut victime en 1559 : à la troisième passe, la lance de son adversaire pénétra sous la visière de son casque, lui traversa l'œil et atteignit son cerveau. Le crâne brisé, un morceau de lance fiché dans son orbite, Henri II décédera des suites de ses blessures au bout de quelques jours.

Bordel, maison close, lupanar : le lieu des plaisirs et de la débauche

Dès le Moyen Âge, la sexualité de couple est encouragée par l'Église à des fins de procréation. Mais la sexualité extraconjugale a toujours existé – celle des messieurs, bien sûr ! Et pour cela, il existait autrefois un lieu où l'on venait sans honte assouvir ses besoins : la maison close. Dans ces lieux de débauche, depuis la nuit des temps, on vient boire, discuter, on entretient des amitiés, parfois même des amours. Il en existe de toutes sortes, des plus lugubres, dans les bas-fonds et les ports, aux plus luxueux, en passant par ces prétendus cabarets qui ne disent pas leur vrai nom. Lorsqu'on arpente les rues, on repère le bordel à la lanterne rouge suspendue devant son entrée, au-dessus de laquelle une fille à demi nue interpelle parfois le *miché* potentiel. Aujourd'hui, on ne sait plus ce qu'est une maison close car elles ont été interdites en France en 1946 par la loi Marthe Richard. Il est fréquemment question de les autoriser à nouveau car la prostitution de rue, difficile à enrayer, a de tout temps été synonyme d'une misère encore plus atroce que celle des bordels, d'exploitation et de proxénétisme encore plus sauvage, et d'absence totale de contrôle sanitaire.

Au Moyen Âge, Louis XI tenta d'interdire les lupanars mais dut bientôt faire machine arrière et proclamer la tolérance (d'où le terme fréquemment utilisé de *maison de tolérance*). Au fil des siècles, le succès de ces établissements ne se démentit pas, souvent pour le plus grand bonheur de l'État qui prélevait des taxes importantes sur ces établissements particuliers. La réglementation évolua pour imposer à ces maisons des conditions sanitaires améliorées (visite de médecins, encartage des prostituées), mais la surexploitation demeurait la règle. Souvent endettées auprès de la tenancière, qui les tenait par ce moyen sous son emprise, les filles, parfois très jeunes, travaillaient chaque jour et dormaient dans des réduits insalubres. Elles étaient constamment menacées par les maladies vénériennes et les grossesses. C'était souvent leur naïveté ou leur besoin d'argent qui les avait conduites là, après qu'elles eurent rencontré un *placeur* qui les avait charmées, puis vendues.

Un authentique lieu de plaisir : les étuves

Les étuves apparaissent au Moyen Âge dans les villes. Une pratique probablement ramenée de Terre sainte par les croisés. Dans les étuves, on prend des bains dans des cuves de bois, on dîne et on peut même faire les deux à la fois. On peut louer une chambre, ainsi que les services d'une chambrière... Souvent, dans les baignoires d'eau chaude, hommes et femmes se croisent et font rapidement connaissance... En ces lieux de mauvaise réputation, ces dernières sont si sollicitées qu'il fallut instituer des jours de la semaine réservés aux dames. Autrefois très nombreuses, les étuves, ces ancêtres des saunas propices aux rencontres, ont progressivement disparu au cours du XVIIe siècle.

LE TABOU DE L'AVORTEMENT

Autorisée en France depuis la loi Veil de 1975, l'interruption volontaire de grossesse (IVG) continue de faire débat et d'être trop souvent pratiquée dans des conditions déplorables.

Mais la dépénalisation est un grand pas. Autrefois, l'avortement pouvait être puni d'excommunication, et même de mort ! L'avortée comme les avorteurs et tous ceux qui leur avaient prêté main forte couraient de gros risques. Au Moyen Âge et à la Renaissance, les peines les plus lourdes pouvaient s'accompagner de tortures abominables. Mais nombreux étaient ceux qui bravaient l'interdit. Incontrôlable, l'avortement était pratiqué dans la clandestinité, souvent de façon atroce, et laissait généralement à la femme, mutilée, des séquelles à vie. Lorsqu'on ne faisait pas appel à un avorteur, le sorcier ou le médecin prodiguaient des soins et fournissaient des philtres censés interrompre la grossesse. Et quand cela ne fonctionnait pas, les hommes faisaient parfois avorter leur femme à coups de poing ou de pied. Ou bien, on se débarrassait de l'enfant dès sa naissance, en l'abandonnant ou en le tuant accidentellement...

DE L'HERBE DE LA REINE À LA CLOPE :
PETITE HISTOIRE DU TABAC

C'est Christophe Colomb qui rapporte en Europe cette plante curieuse appelée *digo*, que les Amérindiens rencontrés dans ses expéditions aiment fumer sous la forme de cigares composés de feuilles de tabac roulées,

auxquelles ils prêtent des vertus médicinales. C'est le calumet, sorte de pipe
à deux tuyaux à l'aide de laquelle ils
aiment également fumer le *digo*, que
les Indiens Arawaks appellent *tobaco*,
et c'est par un glissement sémantique
que la plante, une fois répandue en
Europe et après avoir porté des noms
aussi divers que *herbe angoumoisine*,
herbe sainte, *herbe à tous les maux* ou
herbe à ambassadeur, finira par s'appeler *tabaco* en Espagne, puis tabac en

France. À la cour espagnole, puis portugaise, le tabac se
répand mais il ne sert d'abord que de plante d'ornement.
Au XVIᵉ siècle, certains médecins commencent à en
défendre les propriétés médicinales. En France, c'est en
1556 qu'un moine d'Angoulême rapporte le tabac d'un
voyage au Brésil.

Quatre ans plus tard, un certain Jean Nicot, ambassadeur de France au Portugal, fait envoyer du tabac à
la reine Catherine de Médicis, laquelle adopte aussitôt
l'herbe aux vertus curatives, qu'en l'honneur de Nicot on
baptisera un temps du nom de *nicotiane*… Surnommé
herbe de la reine ou *catherinaire*, le tabac se propage, et
c'est l'engouement. À l'exception notable de Louis XIV,
qui n'en supportait ni l'odeur ni la fumée, toute la Cour
se met à en consommer. Même les femmes prennent
l'habitude de priser !

D'ailleurs, jusqu'à la fin du XVIIIᵉ siècle, c'est essentiellement sous cette forme qu'on consomme le tabac, on
ne le fume plus guère. Devant le tabac que fait le tabac,
Colbert, qui n'est pas à une ruse près, crée un monopole
d'État, qui déjà stimule la contrebande…

Bientôt, la France entière s'adonne à ce nouveau plaisir. Partout, on prise, on chique, on fume. Pour le petit peuple, il s'agit là d'un nouveau luxe qu'on s'offre le dimanche ou les jours de fête. Mais l'habitude devient une manie.

C'est du Brésil qu'arrive finalement la cigarette, qui se popularise en France en passant par l'Espagne, au milieu du XIXe siècle. Tandis que déjà, les associations antitabac se mettent en place, le bureau de tabac devient aussi incontournable que le café de la place du village. Le pays tout entier est accro. Pour le pire plus que pour le meilleur, mais pour le plus grand profit de l'État.

Nos ancêtres partaient-ils en vacances ?

Ne cherchez pas : le mot *vacances* ne faisait pas partie du vocabulaire de nos aïeux. Les travaux des champs, les saisons et les fêtes religieuses rythmaient leur année. Certes, pendant la morte saison, on travaillait moins, on se terrait chez soi en attendant le renouveau. Mais jamais, au grand jamais, nos ancêtres ne seraient partis en vacances ! Qui se serait occupé des animaux ? Des champs ? Du vieillard mourant ?

En réalité, le calendrier religieux garantissait un certain nombre de jours chômés, qui leur tenaient lieu de RTT. Quant aux voyages, ils n'en entreprenaient guère que pour faire des pèlerinages et partir à la guerre...

ALLIER L'UTILE À L'AGRÉABLE : LA FOIRE

Lieu d'échange et d'interaction privilégié entre le monde de la ville et celui de la campagne, il se tenait au moins une foire par an dans la plupart des bourgs et des gros villages. Nos arrière-grands-pères ne manquaient jamais de s'y rendre, avec parfois un équipage d'animaux et un petit stock de denrées à vendre. Nos aïeules n'étaient pas conviées à ces grands rendez-vous aussi commerciaux que festifs, installés sur de gros carrefours ou des places de village : c'était une affaire d'hommes.

La foire était un événement, un lieu vivant et bruyant où tous ceux qui avaient quelque chose à vendre se rendaient. De nombreuses nouvelles s'échangeaient et des tas d'affaires, minuscules ou importantes, se concluaient.

L'essentiel n'était pas tant de réaliser des profits que de profiter à fond de cette journée de rencontres, d'échanges et de fête.

Les cafés et les cabarets ne désemplissaient pas, tout comme les allées de la foire, qu'encombraient colporteurs, marchands d'images pieuses, d'outils, de vêtements, hercules soulevant des enclumes, amuseurs publics et autres gagne-petit. C'était à la foire qu'officiaient le barbier et le coiffeur, l'arracheur de dents et l'écrivain public, ainsi que, à la nuit tombée, celles qui vendaient leurs charmes. On y jouait, on y buvait, on y étudiait les bêtes dans les moindres détails avant de les acheter ou de les vendre. Une journée, parfois plusieurs, de travail perdu aux champs, mais une journée capitale, une pause dans la monotonie des travaux quotidiens, d'où les hommes ramenaient, en plus de quelque cadeau pour leur épouse ou leur promise, des tas de nouvelles passionnantes et de ragots que l'absence de presse et de télévision rendait aussi rares que précieux.

Bistrots et marchands de vin : une vieille tradition

S'il est une culture que la France a de longue date, c'est celle du bistrot du coin. Autrefois appelés cabarets, la multiplication des débits de boisson a fait pester plus d'un curé, furieux de voir ses ouailles délaisser la messe pour aller occuper leur dimanche à s'ivrogner avant de provoquer bagarres ou accidents.

Il faut dire que le Français aime mieux le marchand de vin que l'église : en 1850, avec plus de 330 000 établissements, la France compte dix fois plus de débits de boisson que d'églises !

LE « CAFÉ DU COIN »

Le caféier est originaire de la province de Kaffa, en Éthiopie. D'où le nom du breuvage. L'introduction du café en Europe date de la seconde moitié du XVIIe siècle. C'est d'abord en Angleterre que cette boisson tonique, dont les vertus sont vantées par les uns, décriées par les autres, commence à être consommée. Vers 1660, la mode est lancée : on boit du café à la cour de France. C'est cette année-là que Grégoire, un Arménien, ouvre le premier lieu de dégustation du café en France, rue Mazarine, à Paris. Quelques années plus tard, il déménage son établissement et l'installe en face de la Comédie-Française. En 1686, le café est racheté par un Sicilien, Francisco Procopio Dei Costelli. Celui-ci a la brillante idée de donner à l'établissement une décoration luxueuse, propre à séduire la clientèle aristocratique qui s'est entichée du café. Le café Procope est né : de nos jours, il reste un haut lieu de Saint-Germain-des-Prés.

Partout dans le monde, c'est dans les cafés, autour du breuvage tonifiant, qu'ont bouillonné les grandes idées. Combien de séditions, voire de révolutions, ne se sont-elles pas initiées autour de quelques tasses de café fumant ? D'ailleurs, les autorités avaient bien saisi le danger politique que représentaient ces lieux de dialogue, si bien que dans beaucoup de pays, les cafés furent souvent interdits.

À la fin du XVIIIe siècle, les cafetiers songent à élargir leur offre. Dans leurs établissements, on peut désormais consommer du thé, du chocolat, mais aussi des sirops, de la limonade ou des glaces. Dans le courant du XIXe siècle, le peuple se convertit aux joies du café à la maison. Peu à peu, le moulin à café ou la boîte de café moulu vont faire partie des objets que l'on trouve dans chaque foyer. Mais il faudra encore un peu de temps avant que le café ne devienne une boisson du quotidien : considéré comme un produit de luxe, on le réserve longtemps aux grandes occasions.

QUAND ON NE CONNAISSAIT PAS LA PILULE

Nos ancêtres ne connaissaient guère le préservatif, et pas du tout la pilule contraceptive. Mais ils n'étaient probablement pas moins ardents que nous ! Au contraire, ni les ordinateurs, ni la télévision, ni la consommation frénétique qui nous occupent quasiment à plein temps ne venaient autrefois entraver leur désir. Chaque relation sexuelle était susceptible de donner lieu à une grossesse. Ce qui était largement encouragé par la propagande nataliste de l'Église, qui clamait « croissez et multipliez » à ses ouailles et considérait les rapports charnels comme un péché (la fornication) dès lors qu'ils n'avaient pas la procréation pour but.

Et quand ce n'était pas l'Église qui plaidait pour plus de naissances, c'était l'État – grand consommateur de chair à canon pour ses armées –, ou tout simplement la famille – qui avait grand besoin de main-d'œuvre gratuite pour les travaux des champs... Au cours de sa vie, une femme était donc enceinte un grand nombre de fois, souvent plus d'une douzaine, parfois jusqu'à vingt, avec tout ce que cela comportait de risques. Les seuls moyens assez sûrs pour limiter le nombre de grossesses était de se marier tard, puisqu'avant le mariage, les femmes n'avaient pas ou peu de rapports, et d'allaiter longtemps. Une autre technique, employée depuis la nuit des temps, était le *retrait*, également appelé *coït interrompu*. Il s'agissait d'interrompre à temps l'étreinte, ce qui était frustrant, difficile, et pour tout dire, assez inefficace...

QUAND LA CAPOTE N'ÉTAIT PAS ANGLAISE MAIS EN VESSIE DE CHÈVRE...

Autrefois, cet objet tabou n'était employé que par les marginaux, les libertins et les prostituées ; il comptait parmi les attributs des gens de mauvaise vie. À l'origine, il était fait de peau d'animal, d'un morceau d'intestin de mouton ou de vessie de chèvre... En plus d'être peu engageant, cet ancêtre du préservatif en latex était difficile à enfiler et très inconfortable à utiliser. Sans compter le détail qui tue : il n'était guère efficace pour prévenir les grossesses et les maladies vénériennes. Car la vérole ou la blennorragie (également appelée *chaude-pisse* ou *chtouille*) faisaient autrefois des ravages, notamment au sein des armées.

Au fil du temps, le préservatif se transforme en un fourreau de tissu fin, en lin, en soie ou en velours, humecté de salive ou d'un mélange d'herbes. On le verra même se doter d'un petit ruban coloré aidant à sa mise en place ! C'est en 1880 que le caoutchouc fait son apparition. Macintosh, la firme anglaise qui produit les premières *redingotes anglaises* (ou *calotte d'assurance*, comme la surnommait au XVIIIᵉ siècle Giacomo Casanova), fabrique aussi des imperméables... Hélas, non seulement le confort de ces premiers préservatifs ne

semble pas s'être amélioré, mais la propagande nataliste de l'époque maintient ce petit accessoire dans les
marges. Ceci dit, ses usagers ne sont pas toujours ceux
que l'on croit : tandis que les pauvres sont incités à faire
des enfants, dans les couches plus favorisées de nombreux
couples utilisent ce dispositif comme moyen de contraception, bien plus efficace et bien moins frustrant que le
coït interrompu. Ils bravent en cela les recommandations
farfelues de certains médecins de l'époque, qui préten-
dent que le préservatif favorise le cancer de l'utérus et
que « l'ondée spermatique » est indispensable pour que
celui-ci reste sain…

C'est la firme Durex, autre industriel britannique, qui
apporte par la suite à la *capote* les innovations indispen-
sables. Désormais, elle est fabriquée par trempage dans
le latex liquide d'un moule en porcelaine, ce qui permet
d'obtenir un capuchon à la fois fin et solide. Par la suite,
le latex sera remplacé par le polyuréthane. Mais malheureusement, son usage ne se démocratisera qu'avec les
campagnes de prévention contre le virus du sida, dans
les années 1980. En France, il a fallu attendre 1987 pour
que la publicité pour le préservatif soit autorisée…

SEA, SEX AND SUN

Avec les congés payés, les étés des Trente Glorieuses
ont vu la France laborieuse migrer vers la Côte
d'Azur et s'embourber dans les embouteillages de la
nationale 7 ; mais à nos aïeux, le soleil et la mer n'évoquaient pas grand-chose. D'abord, au temps où la crème
solaire n'existait pas et où la grande majorité de la popu-

lation travaillait dans les champs, le soleil était l'allié des cultures mais pas celui des corps : on s'en méfiait. Les grandes chaleurs ne faisaient pas rêver nos ancêtres ; quant aux séances de bronzage, ils n'y auraient jamais songé. Le bronzage n'avait autrefois rien d'élégant, il ne témoignait pas de votre bonne santé, mais du fait que vous travailliez dehors : seuls les paysans étaient bronzés. La tradition héritée de la noblesse de cour, de se blanchir la peau à l'aide de quelque onguent ou de poudre de riz, est restée bien longtemps ancrée dans les habitudes de maquillage des femmes. Tout le contraire de la quasi-obligation contemporaine de ramener de toute période de congé un teint hâlé, témoin des bonnes vacances que vous avez passées...

D'ailleurs, les plages, où désormais la foule s'entasse, étaient toujours désertes. La mer, elle aussi, était dangereuse. Nul ne songeait à s'y baigner. Autrefois, presque personne ne savait nager.

Le bain de mer n'était recommandé que pour guérir certains maux, dynamiser la circulation et les tissus : c'était le médecin qui le prescrivait et c'était alors sans joie, mais avec quelque espoir, qu'on se plongeait dans les remous poisseux et souvent glacés de l'océan.

La mode de la baignade n'apparaît qu'au courant du XIXe siècle, quand quelques personnalités en vue s'avisent d'aller patauger quelques minutes dans l'eau, juste pour le plaisir. La mode de la plage se répand alors rapidement – mais sans séance de bronzage : les costumes de plage des dames couvrent leurs bras et leurs jambes et il importe de demeurer toujours bien à l'abri de son ombrelle ! L'hôtellerie de bord de mer connaît ses premières heures de gloire. Pour que le bronzage devienne à la mode, il faudra encore attendre les années 1920 et le hâle viril qu'exposeront les artistes et aventuriers américains établis sur la

Côte d'Azur. Dès lors, le bronzage deviendra une véritable obsession collective, au point de rendre les maillots de bain de ces dames invisibles, ou presque !

La Côte d'Azur mise à la mode par les Anglais

Quand la haute société française commença à s'enticher des bains de mer, ce fut d'abord sur les plages de la Manche, proche de Paris, qu'elle se rendit. En ce milieu du XIXe siècle, nul ne songerait à faire le voyage vers les villes pouilleuses et puantes de la côté méditerranéenne. Les premiers à voir dans la Côte d'Azur un paradis pour profiter des plages furent quelques lords anglais partis à l'aventure dans le sud de la France. Ils furent bientôt rejoints par la reine en personne et toute la bonne société britannique suivit. Quant à la tradition de la baignade en Méditerranée, c'est une duchesse russe un peu excentrique qui l'inaugure.

Ce premier essor touristique a beau ressembler à nos désormais traditionnelles vacances d'été, il est pourtant bien différent. Car le gratin qui se pressait dans les hôtels de la Côte d'Azur venait y chercher du soleil durant la période hivernale : il n'était pas encore question d'y passer ses étés.

La photographie : quand nos aïeux faisaient du trafic de portraits

La photographie est née en 1839, grâce aux travaux successifs de Nicéphore Niépce et Jacques Daguerre. Une véritable révolution qui fait trembler les peintres de l'époque, persuadés que leur gagne-pain est sur le point de disparaître.

Se faire tirer le portrait resta longtemps un luxe qui coûtait plusieurs semaines de salaire d'un ouvrier. En plus, lorsque vous consentiez cet effort et faisiez poser votre famille, ce n'était pas une photo vivante et colorée que vous obteniez, mais une image en noir et blanc, imprécise et extrêmement figée. C'est qu'il fallait demeurer de longues minutes à poser sans bouger pour qu'une image pas trop floue soit fixée sur le support !

Par la suite, la technique s'améliore et la photographie se démocratise. Au début du XXᵉ siècle, les familles ne possèdent pas encore leur propre appareil, mais de nombreux professionnels courent les mariages et les fêtes pour immortaliser des souvenirs de famille qui finiront soigneusement classés dans de gros albums à fermoir et reliure de cuir. Sur les photos, les personnages endimanchés posent, dignes et sérieux. Les albums de photos d'autrefois sont de véritables trésors de famille. Tout le monde devait y figurer : oncles, tantes et cousins, même éloignés. C'est pourquoi les portraits faisaient l'objet de trocs : comme les enfants d'aujourd'hui avec leurs images autocollantes, nos arrière-grands-mères faisaient des échanges de photos avec leur famille afin que chacun puisse compléter sa collection.

Le loto a 470 ans !

La loterie apparaît au XVIᵉ siècle. Les guerres d'Italie ayant ruiné le royaume, François Iᵉʳ accepta en 1539 qu'une loterie soit organisée, afin de faire circuler l'argent et de regonfler les finances royales. Le succès fut au rendez-vous. La tradition de la loterie se perpétua, jusqu'à une interdiction en 1829.

C'est en 1933 que naquit la fameuse Loterie nationale, mieux connue sous le nom de Loto. M. Bonhoure, un coiffeur de Tarascon, fut le tout premier Français à devenir millionnaire à la loterie.

Le pays tout entier s'étant passionné pour le tirage au sort, ce premier gagnant devint du même coup une véritable célébrité !

PARTIE III :

COMMENT VIVAIENT NOS ANCÊTRES ?

Vivre chez soi

La vie de château au Moyen Âge : ce n'est pas du luxe !

À l'époque féodale, entre les IXe et XIIIe siècles, tous les seigneurs n'étaient pas de grands et puissants suzerains. Aussi, leur logis n'était pas forcément un château fort, ni l'une des merveilles que constitueront les châteaux de la Loire à la Renaissance. Nombre de châtelains locaux se contentaient d'un simple donjon.

Mais attention, la vie de château, autrefois, n'était pas aussi confortable qu'on l'imagine ! Au Moyen Âge, les ouvertures dans les murailles sont peu nombreuses et très étroites, si bien que l'intérieur du château est faiblement éclairé. Pour chauffer les nombreuses pièces, il y a des cheminées, que les domestiques doivent alimenter en permanence.

Mais il n'y a pas de cheminées partout, aussi un froid glacial règne dans l'essentiel du château. D'ailleurs, même dans les pièces chauffées, il est difficile de garder la chaleur.

C'est pourquoi de vastes tapisseries sont suspendues aux murs, et les lits sont toujours pourvus de rideaux.

Bien sûr, les demeures des plus riches disposent de carrelages somptueux, souvent décorés, de boiseries moulées, d'escaliers monumentaux et de peintures murales.

Mais en général, l'ensemble reste très sobre : les sols sont revêtus d'un dallage pas forcément lisse ni ordonné, et les plafonds ne sont que les planchers de l'étage supérieur. Question mobilier, il ne peut pas être plus dépouillé : ici et là, une table à tréteaux et un coffre faisant également office de siège... Et c'est à peu près tout. On est loin de l'hôtel cinq étoiles !

Une mode de la Renaissance :
le cabinet de curiosités

Dans le château de la Renaissance, il n'est pas rare qu'une pièce soit consacrée à l'exposition de trésors amassés par le châtelain au cours de ses voyages ou rapportés par des amis partis en expédition dans des pays lointains. À une époque où ni la télévision ni la photographie n'existent, une pierre précieuse, une rose des sables ou un fossile sont des objets recherchés qui ont de quoi émerveiller les visiteurs auquel le châtelain fait visiter son *cabinet de curiosités*.

Sur des tables, des étagères, la pièce est emplie d'un bric-à-brac éclectique où les objets authentiques, épée d'espadon, coquillages, animaux empaillés, pièces d'argent du bout du monde, outils de navigation ou globes terrestres se mêlent à d'autres d'origine plus douteuse, comme des fioles de sang de dragon ou des ossements de bêtes mythologiques.

Cette mode qui a perduré jusqu'au XIXe siècle, lorsque les premiers musées ont été créés, a rendu de grands services à la science : les inventaires illustrés des plus belles collections de curiosités ont été diffusés dans le monde savant et ont permis à des disciplines comme la zoologie de faire de grands pas en avant.

LA MAISON PAYSANNE : ON NE FAIT PAS PLUS SOBRE !

Dans les campagnes françaises, les types d'habitations varient énormément, selon les traditions, les essences cultivées, les matériaux que la nature met à la disposition des hommes, et les conditions climatiques. Néanmoins, dans toute la France médiévale, la pauvreté et la dureté de la vie quotidienne conditionnent le plus le mode de vie de nos ancêtres. Dans le village paysan, ne cherchez pas de maison à étage. Au contraire, les constructions sont basses, généralement constituées d'une ossature de bois garnie de torchis, un mélange de terre et de paille également utilisé pour lier les pierres entre elles, lorsqu'il y en a.

La plupart des maisons paysannes sont pourvues d'un toit en chaume. Dans certaines régions, les constructions possèdent un toit en pierre. Ce n'est qu'à partir du XVIIIe siècle que la tuile, en ardoise ou en terre cuite, commence à se répandre dans les campagnes.

Les maisons des paysans les plus riches possèdent un soubassement en pierre, mais dans la plupart des cas, la construction est installée à même le sol de terre battue, sur laquelle aucun revêtement n'est disposé. Comme dans la demeure seigneuriale, les ouvertures sont rares et étroites. Elles ne sont pas garnies de vitres, ni de vitraux, mais de volets, des panneaux en bois que l'on peut fixer de l'intérieur.

L'entrée est étroite et la porte de bois est fermée par une simple cheville de bois munie d'une corde. L'espace est composé d'une pièce unique, où se déroule toute la vie de la famille et où les animaux, des poules aux cochons, en passant par les chèvres qui viennent se réchauffer près du feu, circulent souvent librement, faisant un peu partout leurs besoins : l'hygiène n'est pas le fort de la maison paysanne d'autrefois !

Au fil des siècles, des espaces distincts apparaissent, qui établissent d'abord une séparation nette entre les animaux et les humains. L'étable, la grange, constituent désormais des corps de bâtiment séparés.

Dans la maison, toute la vie s'organise autour d'une cheminée centrale, qui peu à peu va s'adosser à un mur. L'ameublement est des plus frustes : une paillasse qui sert de lit à toute la famille, une table à tréteaux qu'on installe pour les repas, éventuellement quelques tabourets et des coffres, servant de sièges et de rangements.

C'est à partir du XIXᵉ siècle, sous l'influence des villes et des modes de vie aristocratique et bourgeois, que cet habitat traditionnel va évoluer. Tout d'abord, la construction en dur (pierres ou briques) remplace le bois et le torchis, et la tuile remplace le chaume pour la toiture. Les fenêtres s'agrandissent et se multiplient, et sont désormais pourvues de vitres d'un verre grossier, épais et à peine translucide.

À l'intérieur, les dalles ou le carrelage remplacent la terre battue. L'espace est séparé en pièces, qui se spécialisent et que des objets non plus artisanaux mais de fabrication de plus en plus industrielle viennent meubler et décorer. Cette maison, qui se rapproche de ce que nous connaissons, ne disposera cependant pas avant longtemps de lieux d'aisance (un simple vase de nuit fait l'affaire) ni, bien sûr, de l'eau courante.

Intérieurs nuit : des maisons où il faisait noir comme dans un four

Sans électricité et le plus souvent sans fenêtres, imaginez combien l'intérieur des habitations d'autrefois pouvait être sombre... Et encore, vous oubliez sûrement que les cheminées tiraient mal et que les murs, rarement peints et jamais repeints, étaient noirs de suie et de crasse...

Au temps où l'on s'éclairait à la chandelle ou à la lampe à huile, l'huile et les bougies, faites de résine ou de suif, étaient très chères, si bien qu'on faisait des *économies de bout de chandelles* : à la nuit tombée, on évitait d'en allumer et on évoluait dans l'habitation à la seule lueur du feu dans l'âtre.

Fort heureusement pour les yeux de nos ancêtres, ils rentraient du travail suffisamment épuisés pour se contenter de dîner dans la pénombre avant d'aller dormir.

DES CHEMINÉES
QUI NE CHAUFFENT PAS

Bien sûr, depuis la nuit des temps, nos ancêtres se sont chauffés grâce à des cheminées. De là à penser qu'ils étaient des grands spécialistes de la cheminée et qu'ils en avaient conçues de très efficaces et ingénieuses, il n'y a qu'un pas… qu'il ne faut pas franchir !

En effet, dans l'immense majorité des chaumières d'autrefois, les cheminées étaient des plus rudimentaires et tiraient extrêmement mal. La fumée s'échappait à l'intérieur de l'habitation, si bien que l'air y était irrespirable et vicié et qu'il fallait maintenir en permanence une porte ou une fenêtre ouverte pour permettre à l'air de se renouveler.

Ainsi, on avait beau avoir froid, on ne savait pas conserver la chaleur et on chauffait le dehors…

Au plus froid de l'hiver, les familles se regroupaient devant l'âtre et se chauffaient les mains au-dessus des flammes tandis que leur dos était congelé par les courants d'air glacés…

Avec l'ère industrielle et la forte croissance de l'habitat urbain, les poêles à charbon vont peu à peu remplacer les cheminées ouvertes. Le problème du stockage du combustible demeure : il faut remonter le charbon de la cave où il est entreposé.

Dans la demeure bourgeoise, ce sont les domestiques qui s'occupent de cette tâche. Chez les plus pauvres, on utilise également la chaleur du poêle pour la cuisson des aliments, tandis que les demeures des riches sont équipées de fourneaux à charbon, puis au gaz, et enfin, au XXe siècle, à l'électricité.

Meubles et vaisselle : tout ce qu'il y a de plus sommaire

Dans la cabane du paysan, jusqu'à l'époque moderne, les meubles sont peu nombreux. On dispose d'une garde-robe des plus simples, on ne possède presque rien qui ne soit utile, mais on aime ranger ses trésors dans des coffres à ferrures. Les armoires font leur apparition au XVIIe siècle, on y range ses outils et ustensiles (ses *armes*, d'où le nom de ce meuble) et la commode se répand peu à peu à partir de la fin du XVIIIe siècle. Le fauteuil n'apparaît qu'au XIIIe siècle. Autour de la table, il faudra attendre le XVIIIe siècle pour que le traditionnel banc soit parfois remplacé par des chaises. Dans les familles paysannes plus riches, à la même époque, on trouve bien sûr un mobilier un peu plus fourni : horloge à pendule, vaisselier, bahut. Mais l'ensemble demeure assez sommaire.

Côté vaisselle, chaque habitation médiévale dispose de sa marmite en fonte et de sa vaisselle en bois, qui par la suite sera en étain, puis en terre et en faïence. On ne trouve pas de rôtissoire dans toutes les maisons, pour la simple raison que les familles ne peuvent pas toutes s'offrir de la viande à rôtir. Dans les régions où la possession d'un four à pain n'était pas un privilège seigneurial, on trouve cet équipement dans la ferme, accompagné de son pétrin.

CHAMBRES
AVEC VUE

LE LIT DOUILLET DES RICHES
ET LE GRABAT DES PAUVRES

Dans la maison paysanne du Moyen Âge, il n'y a ni sommiers ni matelas : le lit est une *paillasse*, souvent en paille, comme son nom l'indique. C'est une sorte de caisse de bois garnie de foin ou de mousse collectée dans la forêt, ou un sac de bure bourré de fourrage de son ou d'avoine, ou bien de copeaux de bois. Plus tard, on verra apparaître les matelas de feutre bourrés de laine de mouton, de crin ou de plumes d'oie ou de canard. On y dort rarement en couple, encore moins seul : toute la famille s'y entasse, en particulier durant les mois d'hiver, où l'on se resserre pour se donner chaud.

Bien sûr, on se couche tout habillé. Changer et laver la literie ne viendrait à l'idée de personne. Jamais lavé, le lit des pauvres est un véritable bouillon de culture dans lequel on installe aussi bien l'ancêtre agonisant que le nouveau-né. Le manque d'hygiène et la promiscuité favorisent la transmission de toutes sortes de maladies, et le mot « intimité » ne fait partie du vocabulaire de personne.

Chez les gens plus aisés, le matelas est une étoffe de lin rembourrée à l'aide de duvet d'oie ou de canard. Constitués d'une armature de bois à baldaquin, ils disposent souvent de rideaux et de tentures qui servent à conserver la chaleur et à préserver l'intimité de leur occupant. Dans le monde des riches, on ne fait pas lit commun : mari et femme ont chacun leurs appartements et leur lit. Celui-ci est souvent très court, car il a longtemps été de coutume de ne pas dormir allongé – la position allongée étant celle des morts –, mais assis, le dos calé dans un rembourrage ou des coussins.

Partout, on installe les lits le plus près possible de l'âtre, pour bénéficier de sa chaleur. Avant de se coucher, on réchauffe sa couche au moyen de divers instruments, un réchaud rempli de braises ou une simple pierre ayant séjourné dans l'âtre, et l'on s'y réfugie sous de multiples couvertures et édredons.

Avoir sa chambre bien au chaud dans l'étable…

La chambre a longtemps été la pièce commune de la chaumière, où l'on dînait et faisait ses besoins. Pas très confortable, direz-vous, mais il faut savoir que c'était déjà une chance !

En effet, dans certaines professions, et quand on se trouvait en bas de l'échelle sociale (valets, bergers et autres miséreux), on couchait tout simplement dans l'étable, en compagnie des vaches !

Ce qui n'avait pas que des inconvénients, car ces belles bêtes ne dégageaient pas que des odeurs nauséabondes : elles étaient aussi une source de chaleur, salvatrice durant la morte saison et ses grands froids.

MIROIR, MON BEAU MIROIR..

Le miroir n'est pas une invention récente. Comme beaucoup des objets qu'on trouve désormais dans chaque foyer, il est apparu il y a bien longtemps, conçu avec les moyens de l'époque, et bien sûr pas de façon industrielle.

Le monde antique (Égypte, Grèce, Rome) se mire dans des surfaces d'argent ou de bronze finement polies. Chez les Hébreux, les miroirs sont fabriqués à partir de laiton.

C'est au XIVe siècle que l'utilisation du verre apparaît. Si les matériaux et les techniques de production sont différents, le procédé est depuis lors resté le même : il consiste à enduire le dos d'une plaque de verre à l'aide d'un mélange d'étain et de plomb. C'est du mot étain que viennent les mots *tain* et étamage, qui désignent cette couche réfléchissante et son procédé d'application.

Mais à l'époque, les miroirs sont tout petits : on n'imagine pas se regarder en pied, comme on le fera dans les *psychés*, ces grands miroirs orientables qui n'apparaîtront que plusieurs siècles plus tard. Objet de luxe, le miroir ne fait guère partie du mobilier de la maison paysanne. À quoi servirait à un travailleur de la terre de pouvoir s'admirer dans une glace ?

Plus tard, l'amalgame plomb-étain sera remplacé par un mélange d'étain et de vif-argent, un métal aux formidables propriétés réfléchissantes qu'on appelle aussi… mercure.

Ce ne sont pas moins de 357 miroirs au mercure qui ornent la célèbre galerie des Glaces du château de Versailles. Des miroirs immenses pour l'époque, et d'une qualité extraordinaire, réalisés par la Manufacture des Glaces créée par Colbert en 1665 pour détrôner Venise, dont les miroiteries régnaient à l'époque sur le commerce mondial des verreries.

Malheureusement, les miroirs au mercure sont une catastrophe sur le plan humain : les ouvriers chargés de l'étamage absorbent des vapeurs toxiques qui leur détruisent les poumons.

Bientôt, ils perdent leurs cheveux, leurs dents, se retrouvent paralysés, puis meurent sans qu'on ne puisse rien pour eux. Un scandale de santé publique qui préfigure celui de l'amiante au XXe siècle.

En effet, il faudra attendre 1850 pour que les pouvoirs publics français se décident à interdire l'emploi du mercure dans la production de miroirs.

Pourquoi avoir attendu aussi longtemps ? Tout simplement parce qu'il n'y avait pas, jusqu'à cette date, d'autre procédé connu…

Désormais, pour étamer les miroirs, on utilise de l'aluminium. Mais tant que cette technique n'a pas été au point, l'emploi du vif-argent s'est maintenu. Comment, en effet, priver la population d'un objet devenu indispensable ?

Au XIXe siècle, tandis que les paysans qui ne disposent pas d'un vieux fragment de miroir ne se voient dans la glace que chez le coiffeur ou dans certains magasins, les milieux aisés ont adopté cet objet, symbole de narcissisme, de coquetterie et du travail soigneux de l'image de soi.

Au XXe siècle, on trouve toutes sortes de miroirs, dans tous les milieux.

Devenue un accessoire standard de la chambre à coucher, la glace s'introduit dans les salles de bains où, du coiffage aux soins du visage et au maquillage, plus personne ne peut plus s'en passer.

Le pyjama est un ancien maillot de bain !

À la fin des années 1920, l'arrivée de la mode du bronzage voit les plages de la Côte d'Azur se peupler de bourgeoises parisiennes élégantes venues y prendre des bains de soleil. Bizarrement, c'est à cette époque, et dans ce contexte, que le pyjama est apparu.

En effet, ce vêtement élégant, initialement destiné à être utilisé sur la plage, a été lancé par la styliste Coco Chanel. D'une originalité renversante pour l'époque, on la voit poser en couverture du magazine Vogue dans ce costume composé d'un boléro et... d'un pantalon ! Peu à peu, cette tenue ample et confortable va servir de vêtement d'intérieur, puis de vêtement de nuit. Paradoxalement, tandis que les femmes prennent l'habitude de dormir en pyjama, les hommes, eux, portent des chemises de nuit... Puis, à partir des années 1940, la tendance va s'inverser et le pyjama deviendra un vêtement de nuit plutôt masculin.

Comment faisaient nos ancêtres lorsqu'ils étaient bigleux ?

Même dotés d'une vue catastrophique, nos aïeux n'allaient jamais chez l'ophtalmologiste. Tout simplement parce que les médecins spécialisés n'existaient pas.

Toutefois, ceux dont les problèmes de vue n'étaient pas trop graves n'étaient pas condamnés à voir trouble. En effet, au marché ou à n'importe quelle foire de village, des marchands ambulants proposaient toute une panoplie de verres correcteurs, parmi lesquels chacun pouvait trouver son bonheur.

Car c'est depuis le XIIIe siècle qu'un morceau de verre convexe fixé dans un cercle de bois ou de corne permet de corriger les vues défaillantes.

Dans les années 1830, le *pince-nez* et le *monocle* remplacent ces antiques *bésicles*, puis, au tournant du XXe siècle apparaît le *face-à-main*, qui se répand comme une traînée de poudre dans le monde bourgeois.

Contrairement à ce qu'on peut croire, le verre de contact n'est pas une invention récente, puisqu'il existe depuis les années 1880.

Une décoration
des plus sommaires

L'habitat paysan traditionnel tient plus de l'abri de fortune que du nid douillettement aménagé. Il n'est pas fait pour être beau. Aussi, les éléments qu'on pourrait qualifier de décoratifs sont essentiellement liés à la religion : crucifix de bois, petits bénitiers de porcelaine, images pieuses, chandelles de fête. En réalité, la majorité des objets qui encombrent l'intérieur de l'habitation ont une utilité purement fonctionnelle : ils servent à la cheminée (soufflet, crémaillère, tisonnier, chaudron) ou à la cuisine.

À partir de 1855, l'almanach des postes offert par le facteur au moment des étrennes intègre la décoration de la maison et permet accessoirement à nos arrière-grands-pères campagnards de se repérer enfin dans l'année autrement que grâce à la lune, à la longueur des jours et aux consignes du curé. Avec l'arrivée de la photographie, photos et cartes postales colonisent peu à peu les murs.

Par la suite, on prendra l'habitude de conserver sur la commode, à l'abri d'un globe de verre, la couronne de mariée de la mère de famille.

À TABLE !

UN MENU DIGNE D'UN RÉGIME !

Fèves, poix, chou, voilà essentiellement de quoi étaient composés les menus de nos ancêtres médiévaux, à quoi pouvaient s'ajouter un peu de fromage, parfois un œuf et éventuellement du pain, lorsque la famille avait de quoi s'offrir la taxe d'utilisation du four banal du village.

Ajoutez à cela quelques fruits secs, en fonction des saisons, ou quelque petit gibier discrètement braconné et généralement transformé en pâté. P

arfois, on agrémentait sa soupe d'orge ou de seigle, qui en faisaient une bouillie, et on accompagnait ce menu d'une tranche de pain frottée à l'ail.

N'y a-t-il pas lieu de s'étonner de cette frugalité, compte tenu du fait que nos aïeux étaient majoritairement cultivateurs ? Leurs champs ne les nourrissaient-ils pas ?

En réalité, la majeure partie de leur production allait au seigneur et, plus tard, au propriétaire, auxquels ils payaient en nature loyers et redevances. Une fois les volailles, les fruits du verger, la plupart des œufs, les meilleurs grains et les meilleurs légumes donnés aux riches, ce qu'il en restait était vendu sur les foires et marchés, afin de procurer à la famille la sécurité d'un maigre revenu. Ainsi, il ne restait plus grand-chose pour nourrir la famille.

D'où les fréquentes carences en vitamines et minéraux, responsables de nombreux maux et d'une fragilisation de l'organisme.

D'où également la grande maigreur de la plupart de nos ancêtres, lorsqu'ils n'avaient pas le ventre arrondi et le corps décharné caractéristiques des populations souffrant de sous-nutrition chronique.

Avec le temps, les menus vont s'améliorer, la soupe va devenir plus grasse et s'adjoindre de charcuterie, et plus tard, de pommes de terre et de volaille.

DES HORAIRES DE REPAS QUI NOUS PARAÎTRAIENT INCONGRUS

Déjeuner au lever du jour et dîner à midi : tels étaient les repas de nos ancêtres du Moyen Âge, qui ne connaissaient pas le chocolat chaud ni les tartines. Au réveil, lorsque le coq chantait, ils n'hésitaient pas à avaler une platée de fèves ou de chou, avec éventuellement un peu de porc salé ou de bouillon. C'est que la journée allait être longue !

Dans les champs, lorsqu'ils prenaient leur pause de midi, nos ancêtres paysans prenaient leur dîner, qui était très frugal : un bout de pain agrémenté de quelques fruits secs ou sauvages ou d'un bout de fromage. Leur deuxième gros repas de la journée était le souper, qu'ils prenaient à la tombée de la nuit, avant d'aller dormir.

Quant au vin qui aurait pu faire passer tout ça, il était souvent considéré comme un produit de luxe qu'on ne consommait que les jours de fête ou… pour se soigner, car on lui prêtait toutes sortes de vertus curatives.

Et encore, il s'agissait le plus souvent d'un infâme vinaigre dont nous ne pourrions pas avaler une gorgée…

Nos arrière-grands-pères étaient naturellement végétariens !

Pour la plupart d'entre nous, les jours sans viande sont exceptionnels. Mais pour nos ancêtres, c'étaient les jours où l'on en mangeait qui étaient rares !

Au Moyen Âge, un paysan ne mangeait pratiquement jamais de viande, à peine une ou deux fois par an, pour les grandes occasions comme Noël et mardi gras.

Et la plupart du temps, il s'agissait de viande de porc car les autres animaux d'élevage étaient réservés à d'autres usages : on possédait des bœufs pour les attelages et les champs, de même que les ânes et les chevaux ; les moutons étaient élevés pour leur laine et les vaches pour leur lait.

Par la suite, même si la consommation de viande se mit à augmenter, ce ne fut pas tout de suite la profusion que nous connaissons. Au début du XXe siècle, c'est une fois par semaine au maximum que nos grands-pères paysans se rendaient chez le boucher.

Au rayon poisson...

Les vendredis et certains autres jours maigres, qui étaient autrefois nombreux et très scrupuleusement respectés, le poisson est peu à peu devenu le menu privilégié, chez les riches comme chez les pauvres (lorsque ceux-ci pouvaient s'en procurer).

Parmi les poissons consommés par nos aïeux, il y a des poissons d'élevage, carpes et perches, mais aussi de nombreux poissons d'étangs et de rivières comme les brochets, les truites et les morues. Certains poissons comme les harengs étaient consommés séchés et salés. On trouvait également des anguilles, des écrevisses, ainsi qu'un certain animal amphibien, autrefois très abondant, et dont nos ancêtres raffolaient tant qu'il a fini par caractériser le Français aux yeux de l'étranger : la grenouille, bien sûr.

À LA TABLE DES RICHES

L'histoire a retenu ces images de festins gargantuesques où les viandes rôties à souhait se succédaient à la table des rois. Chez les plus riches, il est vrai qu'on consomme plus de viande que dans les cabanes des paysans.

Néanmoins, on ne mange guère de bœuf ; exceptionnellement la grande noblesse s'offre un veau, les jours de noce.

La viande que consomment les riches est essentiellement le produit de la chasse : cerfs, sangliers et oiseaux en tout genre (de l'alouette au paon, en passant par le faisan et la perdrix). C'est que la chasse fait partie des privilèges que la noblesse se réserve jalousement. Au XVIe siècle, le fait de tuer le gibier royal qu'est le cerf est passible de mort.

C'est pourquoi le braconnier mène une vie bien dangereuse. Le seul animal dont la chasse est tolérée est le lapin, si fécond qu'il a tendance à coloniser les forêts.

Par ailleurs, les riches ne manquent pas de chapons, de poulardes et autres oies et canards que les paysans élèvent, mais doivent souvent leur céder pour acquitter les redevances dues au seigneur ou au propriétaire, avec les œufs, mais aussi les navets, les carottes et les fruits du verger. Les riches mangent donc à leur faim, et même mieux.

D'ailleurs, au XIXe siècle, un ventre bien rebondi et de grosses joues rubicondes sont des signes extérieurs de richesse qui ne trompent pas.

Être gros est une preuve de réussite sociale et n'évoque aux yeux de personne la malbouffe qui caractérise notre époque.

Comment mangeait-on avant l'invention de la fourchette ?

À l'échelle de l'histoire, l'utilisation de la fourchette est une idée relativement récente. Rappelons qu'elle n'est pas la seule, puisque dans la plus grande partie de l'Asie, on ne se sert pas de couverts mais de baguettes. Mais chez nous autres Européens, l'indispensable fourchette ne s'est véritablement répandue dans la société qu'à partir de la fin du XVIIᵉ siècle, dans les milieux aristocratiques.

Et avant, comment faisait-on ? Eh bien, on mangeait avec ses doigts ! Et au mieux, pour la soupe, avec une cuiller.

Lorsqu'elle fait son apparition en Europe, en provenance de l'Empire byzantin, à la fin du XIᵉ siècle, la fourchette n'a que deux dents. C'est d'ailleurs de là qu'elle tire son nom, car n'est-elle pas une « petite fourche » ? Arrivée dans les bagages d'une princesse byzantine mariée au doge de Venise, ce nouvel ustensile devient à la mode à la cour de Venise, puis à celle Florence, chez les Médicis. Il se répand ensuite en Italie mais on le réserve à la consommation des pâtes. Peu à peu, l'Europe découvre les vertus de la fourchette, pour consommer des fruits cuits ou confits. Toutefois, il s'agit d'un raffinement, et partout, on continue de manger comme un cochon, avec ses doigts. Chez les nobles et les rois, pour éviter de se brûler avec des aliments chauds, on se sert parfois non pas d'une fourchette mais d'un doigtier, une sorte de gant qui ne recouvre qu'un doigt...

Aux XVIᵉ et XVIIᵉ siècles, la mode des fraises, ces immenses collerettes plissées à plusieurs étages, qui donnaient aux hommes aussi bien qu'aux femmes l'air de porter une tarte à la crème autour du cou, fait beaucoup pour le progrès de la fourchette. En effet, comment continuer à manger avec ses doigts en se penchant dans son écuelle, sans tacher et couvrir de nourriture ces blanches collerettes ? La fourchette, pour ceux qui savent s'en servir, rendra de grands services à cet égard. Du reste, elle prendra du galon, puisqu'elle comportera bientôt quatre dents, ce qui rendra son usage plus aisé.

À la table de Louis XIV, chaque convive trouve désormais une fourchette à gauche de son assiette, mais personne ne s'en sert car le Roi-Soleil préfère se servir de ses mains. Malgré cela, il a, dit-on, de fort belles manières...

À chacun son couteau !

A table, autrefois, nos arrière-grands-pères apportaient eux-mêmes leur couteau. C'est qu'au Moyen Âge, quel que fût leur état ou leur métier, un couteau, ils en avaient besoin à tout moment de la journée. Et pas seulement pour casser la croûte. Rappelons qu'à cette époque, l'essentiel de la population se consacrait aux travaux des champs, à l'artisanat ou au commerce. Outil du quotidien dont on prenait soin, le couteau vous accompagnait partout, dans une gaine de cuir que vous fixiez à votre ceinture, un peu comme certains le font aujourd'hui avec leur téléphone portable !

Ainsi, lorsque l'on était invité à la table d'un hôte, celui-ci ne fournissait pas de couteau, partant du principe que les convives apportaient le leur. Au XVIIe siècle, c'était aussi le cas de la cuiller. On savait recevoir au Moyen Âge !

Nos ancêtres se servaient-ils de serviettes de table ?

Si l'utilisation de serviettes de table a existé chez les Romains, notre crasseux Moyen Âge en a presque entièrement perdu l'usage. Dans les banquets donnés par les rois et les seigneurs, un linge court toutefois le long de la table afin que les convives (qui, rappelons-le, mangeaient avec les doigts) puissent s'y essuyer les mains et la bouche.

Cette longue pièce de toile est appelée *doublier* ou *longuière*. Le XIIIᵉ siècle invente les *touailles*, de longs torchons suspendus aux murs, où les convives viennent s'y essuyer, et qui, à la fin du repas, servent… à couvrir les restes de nourriture !

Du reste, ceux qui ne souhaitaient pas se lever pouvaient s'essuyer la bouche du revers de la main et se nettoyer les doigts dans leurs vêtements sans que personne ne s'en offusque.

Au XVᵉ siècle, le roi Charles VII popularise l'usage d'une serviette individuelle. Mais comme à cette époque, personne n'a encore pris l'habitude de se servir de couverts, il devient d'usage de changer la serviette des convives à chaque plat.

Néanmoins, il ne faut pas s'imaginer l'homme du XVIᵉ siècle déjeunant avec de belles manières, une serviette proprette délicatement pliée sur les genoux : non seulement les serviettes restèrent longtemps des pièces de laine ou de tissu grossier, mais selon les lieux, les époques, et sans doute les caractères, elles se portaient nouées autour du cou ou posées sur le bras ou sur l'épaule…

Passe-moi ta cuiller...
et tes microbes !

Au Moyen Âge, on n'hésitait pas à partager sa cuiller, voire son écuelle avec le voisin. Et d'ailleurs, quand quelqu'un était appâté par l'odeur d'une marmite bouillonnant sur le feu, il ne se gênait pas pour y tremper sa cuiller afin de goûter le plat, sans se soucier de la laver auparavant.

C'est qu'à cette époque, personne n'avait jamais vu un microbe ! Ainsi, la convivialité allait beaucoup plus loin que les anciens ne le croyaient : ceux qui partageaient table et couverts partageaient également, sans le savoir, toutes sortes de maladies et d'infections !

DU DÉGUEULOIR À L'ÉVIER

L'évier en inox d'aujourd'hui possède un ancêtre très rudimentaire, en pierre grossièrement taillée où un écoulement était pratiqué afin que l'eau s'échappe à l'extérieur de la maison. Cet écoulement était délicatement appelé *dégueuloir*.

Bien sûr, l'eau courante étant une invention moderne, l'évier de nos ancêtres n'avait pas de robinet : l'eau qu'on y versait provenait d'un seau, qu'on allait patiemment et quotidiennement remplir au puits.

Vers le XIVe siècle, cet évier de pierre était couramment appelé *dalle*. D'où nos expressions, *se rincer la dalle* qui signifie boire un coup, ou *avoir la dalle en pente* qui désigne les gros buveurs. Avec le temps, la fameuse *dalle* est plutôt devenue un symbole d'appétit : c'est pourquoi lorsqu'on a un creux, on dit qu'on a *la dalle*.

Plus tard, quand l'eau courante et les robinets firent leur entrée dans les habitations, ce fut à la cuisine qu'ils s'installèrent en premier. En l'absence de salle d'eau, on faisait donc sa toilette dans cette pièce sans intimité. En hiver, tout économes qu'ils étaient, nos grands-parents laissaient en permanence un filet d'eau s'écouler du robinet, sans quoi les conduites gelaient et explosaient. L'eau chaude n'existant pas, on imagine combien il devait alors être plaisant de se laver…

Les boîtes de conserve inventées par un confiseur !

C'est un confiseur parisien, Nicolas Appert, qui a mis au point les premières conserves, au début du XIXe siècle, en enfermant des aliments dans des bouteilles de verre épais fermées à l'aide d'un bouchon de liège, qu'il chauffait au bain-marie. Il obtenait ainsi que les aliments se conservent longtemps, tout en gardant leur goût et leurs qualités nutritives.

Le procédé d'Appert est amélioré en 1811 avec l'invention des conserves en métal. Une nouvelle industrie naîtra de cette innovation, qui rendra notamment de grands services aux équipages des navires embarqués au long cours et aux armées en campagne.

COMMENT FAISAIT-ON AVANT LE RÉFRIGÉRATEUR ?

Le réfrigérateur de nos ancêtres était leur cave. Un peu plus fraîche que le reste de l'habitation, ils y entreposaient leurs réserves de nourriture. Rien à voir, tout de même, avec un réfrigérateur ! C'est pourquoi, avant l'âge des briques de lait, on conservait celui-ci caillé ou sous forme de fromage ou de beurre fondu.

La viande était conservée fumée (c'est ainsi qu'on conservera le jambon à partir du XIXe siècle) ou confite dans la graisse, à moins qu'elle n'ait été placée dans un saloir, où le sel lui assurait également une bonne conservation. Les autres aliments ne pouvaient qu'être consommés frais.

C'est pourquoi les marchandises voyageaient si peu. C'est donc par la force des choses que nos ancêtres privilégiaient les productions locales et les fruits et légumes de saison !

LA PREMIÈRE COCOTTE-MINUTE FUT UN ÉCHEC COMMERCIAL

En 1679, Denis Papin, un inventeur connu pour ses travaux sur l'eau, l'air et le vide, construit un appareil qui, selon lui, pourrait contribuer à résoudre le grave problème de la faim. Le *digesteur*, comme il l'appelle, est une coque de fonte fermée par un couvercle solidement vissé, que l'on place sur le feu après y avoir versé un peu d'eau.

À l'intérieur de l'appareil, la température monte, l'eau se transforme en vapeur, et comme elle ne peut s'échapper, la pression augmente. Celle-ci est régulée par une soupape installée sur le couvercle, qui permet d'éviter les explosions.

Les aliments que l'on met dans le *digesteur* cuisent nettement plus vite qu'à l'air libre. Les os, les viandes racornies, sont transformés en gelée, ce qui les rend comestibles. Papin voit dans cette application un moyen de nourrir tous ceux qui ne mangent pas à leur faim.

Bien que l'inventeur multiplie les observations et les démonstrations sensationnelles, notamment en matière de conservation des aliments, son digesteur n'éveille guère l'intérêt des foules et ne lui permettra jamais de s'enrichir.

Grand inventeur mais piètre commerçant, aucune de ses trouvailles ne lui assurera la retraite dorée qu'il mérite. Bien qu'il ait tout simplement inventé l'auto-cuiseur, la fameuse cocotte-minute que presque chaque foyer possédera, deux siècles et demi plus tard, il mourra dans la misère et dans l'anonymat d'un quartier pauvre de Londres.

Passe-moi le sel !
Une vieille, très vieille histoire

Le sel, dont les plats qu'on nous vend sont désormais si farcis qu'il en devient dangereux pour la santé, a été depuis la nuit des temps une denrée extrêmement précieuse.

Ses propriétés en matière de conservation sont connues de longue date.

Aussi, chez nos ancêtres qui ne possédaient pas de réfrigérateur et n'allaient pas à l'hypermarché tous les quatre matins, le sel était le meilleur allié pour la conservation des viandes et poissons, qu'ils pouvaient grâce à lui entreposer durant plusieurs mois sans qu'ils ne pourrissent.

Nos anciens aimaient comme nous saler leurs aliments, mais ne les imaginez pas en train d'agiter une salière au-dessus de leur assiette car ce petit objet du quotidien est une invention très récente.

Jusqu'à une époque récente, on saupoudrait le sel avec ses doigts au-dessus de son assiette.

Mais si l'on revient plus en arrière dans le temps, nos ancêtres avaient coutume de plonger directement leurs aliments dans le pot de sel commun !

C'est parce qu'il est si précieux que le sel deviendra monopole d'État au Moyen Âge et sera lourdement taxé à l'achat. Cette taxe sur le sel est appelée *gabelle*, et celui qui la perçoit est le *gabelou*.

La gabelle sera abolie à la Révolution. Un impôt sur le sel réapparaîtra néanmoins sous Napoléon Ier, dont la suppression définitive n'interviendra qu'en... 1945.

Plus de cent jours
de jeûne par an !

La religion catholique exalte la frugalité, la pauvreté et la retenue. Et le calendrier des fêtes suivi par nos aïeux le prouve : chaque année, comptez une centaine de jours de jeûne, ou jours maigres.

Les jours maigres, ce sont ceux où l'on ne consomme aucune protéine animale, donc pas de viande, ni d'œufs, ni de graisse. Pour commencer, chaque vendredi est un maigre, car c'est le jour de la semaine qui commémore la mort du Christ.

Il y a aussi l'éprouvant carême qui dure quarante jours et précède la fête de Pâques. À une certaine époque, au Moyen Âge, on allait jusqu'à jeûner aussi le mercredi, en souvenir du jour où Judas avait trahi Jésus.

C'est ainsi que nos pieux ancêtres en arrivaient à jeûner près d'un jour sur trois !

Habitués à se priver par ces pénitences répétées et par leur dure condition de vie, nos ancêtres se laissaient franchement aller à l'occasion de certaines fêtes comme le mardi gras, Noël, la Saint-Jean et les jours de noce.

Des jours de bombance où nos aïeux se rendaient fréquemment malades : imaginez l'effet dévastateur d'un énorme excès de nourriture sur un organisme habitué à ne pas manger à sa faim...

DONNEZ-NOUS NOTRE PAIN QUOTIDIEN

En dépit de l'évolution de notre alimentation, la symbolique du pain est encore forte dans notre société. C'est que, durant des siècles, sa préparation et sa consommation ont obéi à d'immuables rituels : les mères de famille le pétrissaient et le cuisaient, et les pères de famille le rompaient, non sans avoir tracé dessus une croix, en guise de bénédiction.

Le pain est un aliment qu'on traite avec respect. On ne le gaspille pas. Et la première des aumônes consiste à partager son pain avec le miséreux ou le vagabond. Ces habitudes ancestrales nous sont quelque peu restées. En témoigne notre langage, où les expressions comme *gagner son pain*, *avoir du pain sur la planche* ou *ôter le pain de la bouche* sont demeurées si fréquentes.

Le pain était la base de l'alimentation de nos aïeux. Ils en mangeaient tous les jours et en absorbaient au total des quantités qui paraissent énormes, même aux gros mangeurs que nous sommes aujourd'hui.

Rendez-vous compte, quand nous n'en consommons qu'en moyenne 140 g par jour, nos arrière-grands-pères du XVIIe siècle en absorbaient plus de 700 g quotidiennement.

C'est qu'autrefois, il n'y avait pas grand-chose d'autre au menu que du pain… Et encore, n'imaginez pas une belle baguette dorée, croquante et savoureuse, ni un pain aux sept céréales : le pain blanc, qui contient davantage de froment, était réservé aux jours de fête. Les autres jours, nos ancêtres consommaient des pains de froment, d'orge, de seigle, ou même d'avoine, de millet ou de sarrasin. Du pain gris ou noir sur lequel vous n'auriez guère envie de tartiner votre confiture au petit déjeuner !

Tout est bon dans le cochon !

S'il est une viande que les anciens consommaient, c'était le cochon. En effet, au fil du temps, cette bête qui vit parmi les humains est de mieux en mieux domestiquée, enfermée dans un enclos et bien nourrie pour donner du bon lard. Les jeunes porcs s'échangent à la foire et les truies, qui peuvent avoir plusieurs portées par an, sont des poules aux œufs d'or !

Quand le cochon est suffisamment gras, vient le temps de le mettre au saloir ou dans la cheminée, afin que la saumure ou la fumée conservent sa viande. Le jour où l'on tue le cochon – toujours un jour d'hiver, pour assurer une meilleure conservation – est un jour de fête. En général, tout le village est là pour assister à la scène et participer aux préparatifs. L'ensemble est associé à de nombreuses traditions, à des superstitions et à des gestes rituels qui évoquent les sacrifices religieux de la nuit des temps.

Pour que le travail soit bien fait, on fait appel à un tueur spécialisé qui assomme la bête et la saigne. Elle n'est pas encore morte qu'on la suspend quelque part afin de la peler. On recueille précieusement son sang afin d'en faire du boudin. Puis on la débite en morceaux. Une partie des pièces est mise à la conservation, dans la cheminée ou le saloir, tandis que les villageois offrent à leurs parents et amis certaines parties de choix. Le soir même, on fête l'événement en dégustant d'ores et déjà quelques côtelettes, songeant au jambon qu'on consommera petit à petit durant l'été, tandis que le reste de la viande fera les délices du réveillon de Noël.

QUAND LA POMME DE TERRE S'APPELAIT *ARTICHAUT DES INDES*

Comme le tabac ou le chocolat, c'est de l'Amérique précolombienne que provient la pomme de terre. Cultivée dans les Andes péruviennes depuis 3000 ans, la *papa* est rapportée en Espagne par les conquistadors au XVIe siècle. Baptisé *artichaut des Indes*, notre tubercule bien-aimé n'est d'abord considéré que comme une curiosité. C'est ainsi qu'il voyage à travers l'Europe, le petit peuple commençant timidement à le cultiver, essentiellement pour en nourrir les bêtes.

Au XVIIe siècle, on trouve la patate en culture dans les jardins du roi, mais pas dans les assiettes ! Car ce drôle d'aliment n'a rien d'un mets raffiné, et d'aucuns vont jusqu'à le soupçonner d'être empoisonné.

En 1748, le Parlement interdit fermement de cultiver la pomme de terre car elle est accusée de dégrader les terres et de favoriser les maladies. Elle n'est, à ce qu'on dit, bonne que pour les cochons…

Mais quelques décennies plus tard, tout va changer. Suite à une famine survenue en 1769, la France est à la recherche d'aliments nouveaux pouvant se substituer aux nourritures traditionnelles en cas de disette.

Ayant été détenu dans les geôles prussiennes, l'agronome Antoine Parmentier y a découvert la pomme de terre et ses vertus nutritives. Dans un mémoire qui sera couronné par l'Académie des sciences, il prend la défense du tubercule mal-aimé.

En 1772, les membres de la faculté de médecine de Paris se penchent sur la pomme de terre et déclarent que sa consommation ne présente aucun danger pour l'homme. Mais encore faut-il réussir à la faire adopter par la population. Parmentier a alors recours à deux stratagèmes qui resteront célèbres. D'une part, il présente le tubercule à Versailles, à Louis XVI et Marie-Antoinette, qui décident de le mettre en culture sur leurs terres et de le faire préparer dans leurs cuisines. D'autre part, il fait placer à grand bruit un champ de patates sous la surveillance d'hommes en armes. Ce qui ne manque pas de susciter la convoitise des voisins paysans.

La surveillance n'étant guère étroite, ceux-ci parviennent à subtiliser ce qui a tout l'air d'une culture de luxe. Ayant cuisiné et consommé la patate, ils sont conquis. Dès lors, il ne faudra plus au tubercule que quelques années pour s'imposer sur tout le territoire.

Aux origines de la frite

C'est en Belgique, à Namur, que naît la frite, à la fin du XVIIe siècle. Aimant faire frire de petits poissons pêchés en rivière, les habitants de la région ont coutume, durant la saison où le poisson se fait rare, de le remplacer par des pommes de terre coupées en petits bâtonnets et mises à la friture. Ainsi, contrairement à ce que laisse entendre le terme anglophone *french fries*, ce n'est pas en France qu'a été inventée la frite, mais bien en Belgique, où elle est traditionnellement associée à la dégustation des moules.

HISTOIRE D'EAU

LE SAVON : DÉCOUVERT
IL Y A LONGTEMPS, UTILISÉ DEPUIS PEU

Dès l'Antiquité, les hommes ont observé qu'un résidu d'huile ou de graisse associé à des cendres végétales constituait un produit aux propriétés nettoyantes.

Dans le monde latin comme en Mésopotamie, le processus de saponification et les vertus désinfectantes du savon sont connus.

En Europe occidentale, le savon apparaît à l'époque gauloise. Dès le IXe siècle, la ville de Marseille produit un savon caractéristique fabriqué à base d'huile d'olive.

C'est au XIXe siècle que le phénomène de saponification est enfin décortiqué et expliqué par les scientifiques. En parallèle, les procédés de production s'améliorent et le savon se diffuse largement dans la société bourgeoise. Autant dire qu'auparavant, son utilisation était extrêmement rare…

Quand on se brossait
les dents avec de l'urine

Les ancêtres de la brosse à dents remontent à la nuit des temps. De l'Antiquité nous sont parvenus des cure-dents en bois fibreux, en plume, en poils d'animaux ou en épine. Nos ancêtres romains utilisaient déjà une mixture censée blanchir les dents, celle-ci était fabriquée à base d'urine humaine... L'habitude de se brosser les dents avec sa « propre » urine (car l'urine contient de l'ammoniac qui, effectivement, blanchit les dents...) perdurera longtemps dans certaines régions d'Europe.

Dans l'Europe du Moyen Âge et de la Renaissance, peu préoccupée par l'hygiène, les plus délicats, lorsqu'ils souhaitent se laver les dents, se contentent d'employer un linge, tandis que la plupart utilisent tout simplement la pointe de leur couteau en guise de cure-dents... À la fin du XVIᵉ siècle, la brosse à dents fait son apparition en Europe. Elle arrive tout droit de Chine et n'est d'abord qu'un accessoire de mode. Produite en série à partir de la fin du XVIIIᵉ siècle, elle est faite en poils de sanglier ou de blaireau, ou en soies de porc, ce qui, en l'absence de désinfection régulière, est plutôt catastrophique en matière de bactéries et de microbes. Sans compter que ces vieilles brosses à dents se dégarnissaient très vite. En 1938, la première brosse à dents dotée de poils en fibre synthétique de Nylon est produite aux États-Unis.

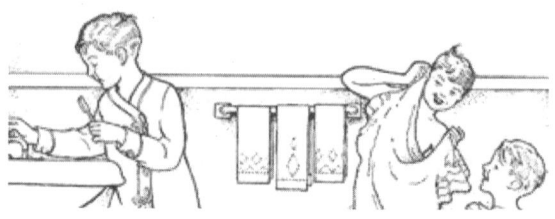

Dès le XIXe siècle, l'utilisation de poudres pour accompagner le brossage de dents se répand. Les pâtes dentifrices, apparues à la même époque, ne s'imposeront pas avant les années 1920. L'apparition du fluor dans les dentifrices remonte aux années 1950. Mais cet ingrédient, jugé dangereux, a désormais tendance à se raréfier et a même été interdit dans certains pays.

Le caractère indispensable du brossage de dents ne s'imposera que très lentement. Du reste, de nos jours, les campagnes d'incitation à un brossage long, précis et répété, sont toujours nécessaires pour que la France n'ait pas mauvaise haleine.

Quand nos ancêtres faisaient soigner leurs dents chez le maréchal-ferrant

Il fut un temps où le dentiste s'appelait *arracheur de dents*. Il œuvrait sur les marchés et dans les foires pour débarrasser nos pauvres aïeux de leurs chicots infectés.

L'arracheur de dents ne fait pas dans le détail. Il opère à la chaîne et en public, sur une estrade. L'anesthésie n'étant qu'une invention récente, la dentisterie se faisait autrefois à la dure... Et en cas d'urgence, d'abcès trop douloureux, il n'était pas rare qu'on aille quérir... le maréchal-ferrant ! En effet celui-ci possédait l'équipement idoine pour le genre de soins rudimentaires dont on avait besoin : des tenailles, des marteaux... Habitué à ferrer les canassons, notre homme avait tôt fait de vous débarrasser de la quenotte qui vous faisait souffrir. Pas sûr, néanmoins, que les souffrances s'arrêtaient là...

Des cendres pour laver le linge !

ans les campagnes, autrefois, pas de lave-linge à faire tourner quotidiennement : la lessive, on la faisait deux fois par an au grand maximum. C'était alors une affaire collective, très ritualisée, et tout le village se donnait rendez-vous au lavoir. Tout le village ? Pas tout à fait, car la lessive était, comme cela devait être le cas pour longtemps, une tâche entièrement dévolue aux femmes.

La rareté des lessives ne doit pas vous laisser imaginer que nos aïeux étaient tous des pouilleux portant la même chemise toute l'année ! Car dès que les villages se sont arrachés à la misère noire de l'époque féodale, le linge a commencé à s'accumuler dans leurs malles et leurs armoires.

C'est que les vêtements que portaient nos grands-pères et nos grands-mères étaient « increvables ». Une robe ou une chemise se transmettait de mère en fille et de père en fils.

Tout le contraire de la frénésie de consommation de vêtements qui prévaut aujourd'hui, encouragée par la créativité des couturiers et les va-et-vient de la mode. Dans le trousseau des jeunes mariés, quelques vêtements neufs, taillés dans des étoffes rustiques mais inaltérables, leur dureraient toute leur vie.

Et leurs enfants en hériteraient.

C'est pourquoi, au fil des générations, les stocks de linge d'une famille devenaient énormes. Tout au long de l'année, on laissait donc le linge sale s'accumuler au grenier.

Et le jour du lavoir, souvent un jour du printemps ou de la fin de l'été, par un climat sec et doux, c'étaient des dizaines de kilos de linge que les mères de famille s'en allaient battre au lavoir, en groupe et en chanson.

La lessive, qu'on appelle alors la *bue*, peut occuper trois journées entières de nos grands-mères. Le linge est d'abord entassé dans une grande cuve qu'on appelle *cuvier*. Parfois mélangé à des plantes aromatiques, il est recouvert d'un linceul sur lequel on étale un lit de cendres. Le fait de verser de l'eau bouillante sur ces cendres crée un phénomène de saponification.

Le linge repose ensuite dans son cuvier jusqu'au lendemain. Il est alors conduit à la rivière ou au lavoir, où les femmes le battent à tour de bras, opération longue et épuisante rendue joyeuse par les conversations, les commérages et les rires qui l'accompagnent.

Ce n'est que le troisième jour que le linge est étendu, souvent à même l'herbe d'un pré. Là, il est encore arrosé, puis il sèche tranquillement avant de réintégrer les armoires familiales.

L'AUTOMATISATION DE LA LESSIVE : UN PAS DE GÉANT POUR L'HUMANITÉ ?

C'est un détail qu'on oublie souvent, mais ce qu'on nomme *lave-linge* s'est longtemps appelé *machine à laver*. C'est que dans les premiers temps de l'électroménager, le lave-vaisselle n'existait pas ! Le terme de lave-linge est donc apparu par la suite, pour éviter les confusions...

Astreintes aux travaux de lessive, les femmes n'ont d'abord quitté le lavoir que pour effectuer le même travail à domicile, à l'aide d'une lessiveuse, sorte de grosse marmite où elles faisaient bouillir le linge avant de le brosser, de le frotter puis de l'étendre. On le voit, l'avancée technologique n'était guère manifeste...

Pourtant, la première machine à laver semble avoir été conceptualisée dès 1767 par l'Allemand Jakob Christian Schäffer. Finalement, c'est en 1797 qu'est déposé le premier brevet en la matière.

En Europe, on voit apparaître dès 1830 en Angleterre les premières machines à laver mécaniques, sortes de tonneaux renfermant un tambour qu'on fait tourner à l'aide d'une manivelle. Puis, à la Foire de Paris de 1920, est présentée la première machine à laver à moteur électrique. À cette époque, l'essorage du linge se fait encore en faisant passer le linge trempé entre deux rouleaux installés au-dessus de la cuve.

C'est finalement dans les années 1950 que seront commercialisés les premiers modèles de machines à laver dites combinées, c'est-à-dire intégrant un programme d'essorage à même le tambour de lavage.

Le lave-linge moderne est né. Un petit pas pour l'homme mais un grand pas pour la féminité !

Le nettoyage à sec est né d'une catastrophe

Catastrophe ! La bonne de Jean-Baptiste Jolly vient par mégarde de renverser une lampe à pétrole sur une nappe ! Avec ce mélange de térébenthine et d'alcool, c'est sûr, la nappe sera irrécupérable ! Et pourtant, Jean-Baptiste Jolly observe un curieux phénomène : au lieu de tacher la nappe, le produit semble l'avoir nettoyée...

Nous sommes en 1855 et le nettoyage à sec est né. Bientôt, Jolly fonde le tout premier établissement de nettoyage à sec, à Paris. Il garantit un nettoyage impeccable des vêtements et textiles supportant mal les bains d'eau savonneuse. Jusqu'à la fin du XIXe siècle, les produits employés sont particulièrement dangereux et très inflammables : essence, benzine ou pétrole. Malheureusement, tous les produits utilisés par la suite, tétrachlorométhane, trichloéthylène puis perchloroéthylène restent dangereux pour les voies respiratoires, voire cancérigènes. Aujourd'hui, il existe des techniques alternatives à peu près efficaces et les machines employées consomment peu de produit par lavage. Mais le produit phare utilisé par les pressings pour les nettoyages à sec reste le perchloroéthylène.

LE FER À REPASSER : UN OUTIL VIEUX COMME LE MONDE

Il y a plus de 2 000 ans, les Chinois utilisaient déjà des fers à repasser pour lisser leurs étoffes. Enfin, il ne s'agissait pas tout à fait de fers à repasser, mais plutôt de récipients de laiton ressemblant à des casseroles, et remplis de braises. En Europe, jusqu'au XVᵉ siècle, on se contenta d'utiliser des lissoirs en bois, en marbre ou en verre. Afin de donner leur forme aux collerettes, poignets de dentelles et autres fraises, on utilisait des gommes naturelles qui empesaient le tissu. Mais ces gommes ne pouvaient pas être chauffées, sans quoi elles auraient brûlé : les lissoirs étaient donc utilisés froids.

Le fer à repasser fit son apparition par la suite. Il s'agissait d'abord d'une semelle de fer pourvue d'un manche, que l'on plongeait directement dans le feu. Ensuite, apparurent les fers creux où l'on versait du charbon incandescent. Ces fers étaient percés de trous permettant au combustible d'aspirer de l'oxygène. Certains étaient pourvus d'un soufflet permettant de réactiver les braises. Au XIXᵉ siècle, on chauffe son fer à repasser sur un poêle ou un fourneau. Les techniques se multiplient : réservoir d'eau bouillante, alcool à brûler, gaz…

En 1882, l'Américain Henry Seeley met au point l'outil ultime : un fer à repasser qu'on branche sur le secteur et dont la semelle est pourvue d'une résistance électrique chauffante. Il n'y a qu'un détail qui cloche : pour utiliser le fer électrique, il faut avoir l'électricité !

Voilà pourquoi, au début du XXᵉ siècle, on trouve encore des fers à charbon dans le commerce. En 1917, le Français Léo Trouilhet fonde la société Calor, qui commercialise le premier modèle européen de fer à repasser électrique. C'est la même société qui, en 1963, lancera le premier fer à vapeur.

PARTIE IV :

VIVRE DANS LA SOCIÉTÉ DE NOS ANCÊTRES

C'EST QUI LE CHEF ?

LA SOCIÉTÉ FÉODALE, UN MONDE CRUEL ET INÉGALITAIRE

La société médiévale est divisée en trois *ordres* : ceux qui prient, ceux qui combattent et ceux qui travaillent. Les seigneurs locaux règnent sur leur *fief*, c'est-à-dire l'ensemble des terres que le roi leur a attribuées. En théorie, ils sont les *vassaux* du roi : il est leur *suzerain* et ils lui doivent obéissance. Mais dans la pratique, nombre de seigneurs sont plus puissants et plus riches que le roi, si bien que tout au long du Moyen Âge, les rois de France auront le plus grand mal à imposer leur autorité.

Les seigneurs locaux ont leurs propres vassaux, petits seigneurs et chevaliers qui les aident à défendre leur fief. Tout ce petit monde cohabite avec le clergé et règne sur les campagnes peuplées de paysans pauvres et travailleurs, qu'ils appellent les *vilains*.

Il y a deux catégories de vilains : les *serfs*, qui descendent des esclaves et sont attachés à leur maître, et les vilains libres, ou *affranchis*.

Tous très pauvres, ils vivent dans de modestes cabanes, sous la protection des seigneurs à qui ils paient des redevances, essentiellement en nature (ils cèdent chaque année une partie de leur bétail ou de leur récolte).

Plusieurs jours par an, c'est la *corvée* : le paysan travaille gratuitement pour son seigneur. Il défriche de nouvelles terres à cultiver ou effectue des travaux sur les terres privées du seigneur. Charge supplémentaire, le clergé prélève la *dîme*, qui représente le dixième de la récolte. En l'échange de leur protection ou de leurs prières, deux ordres vivent donc du travail du troisième.

La vie des paysans est dure, rythmée par les travaux des champs, les épidémies, les famines, les guerres. Ils participent à la construction des châteaux forts où, souvent, ils iront se réfugier en cas d'attaque.

Parfois, les seigneurs offrent à leurs serfs la possibilité d'être affranchis, c'est-à-dire libérés. Cette liberté, ils peuvent la racheter en la payant ou en fournissant un travail spécifique, comme le défrichage d'une parcelle nouvelle. Au fil du temps, les besoins financiers des seigneurs les ont conduits à affranchir presque toute la population paysanne de leur seigneurie.

Ainsi, au XIIIe siècle, dans la plupart des régions de France, si les paysans restent très pauvres, ils ne sont plus attachés à leur seigneurie.

Mais la société demeure extrêmement hiérarchisée. Chacun appartient nécessairement à l'un des trois ordres, et à l'intérieur de son ordre, à une catégorie ou à un métier spécifique.

Au sein même des métiers, tout est ordonné : chez les artisans, on est maître, compagnon ou apprenti ; chez les paysans, on est laboureur, manouvrier, ou encore journalier. Il en va de même du clergé, où l'on est sacristain, vicaire, abbé ou chanoine. Enfin, dans la noblesse, on n'a pas le même statut si l'on est duc, ou seulement marquis ou baron, si l'on appartient à la noblesse d'épée ou seulement à la noblesse de robe.

Bien sûr, toutes ces appartenances doivent être visibles : comme aujourd'hui, l'accoutrement des gens parle pour eux. Il dit tout sur leur origine, leur métier, leur statut. Il ne peut y avoir aucun doute : le jeu des blasons sur les manteaux des nobles, les aumusses des chanoines, les hermines des avocats et les bonnets des magistrats, les tonsures des prêtres et les robes des cardinaux se déchiffrent aisément, comme autant d'uniformes.

LES CHEVALIERS :
AUX ORIGINES DE LA NOBLESSE

À partir du Xe siècle, les seigneurs s'entourent de chevaliers qui protègent leur domaine. Initialement, l'origine sociale des chevaliers n'avait aucune importance : l'essentiel était qu'ils soient vaillants au combat et sachent combattre à cheval, harnachés de lourdes armures et munis d'épées et de boucliers.

Mais au fil du temps, la chevalerie s'entoure d'un ensemble de normes et de rituels qui verront naître la *noblesse d'épée* du royaume. D'abord, les seuls hommes habilités à devenir chevaliers sont ceux dont le père possédait ce statut.

Ensuite, les chevaliers devaient posséder un fief ou une seigneurie. Par ailleurs, soucieuse d'imposer son autorité, l'Église leur fixe des règles strictes : jours sans combats, interdiction de tuer les hommes d'Église ou les paysans désarmés… Nourris de ce code et d'un idéal d'entraide et d'héroïsme, ils constituent un groupe uni dans lequel on n'entre qu'après un long apprentissage, lors d'une cérémonie où l'on reçoit son équipement : l'*adoubement*.

QUAND LA JUSTICE ÉTAIT… INJUSTE

Au Moyen Âge, c'est le seigneur qui rend justice sur ses terres. Il peut détenir différents types de pouvoir judiciaire. S'il possède le pouvoir de *basse justice*, il peut trancher de petites affaires et condamner ses gens à des amendes. Le pouvoir de *moyenne justice* lui permet de juger certains crimes et délits. Quant aux crimes graves, notamment lorsqu'il y a eu mort d'homme, il peut les juger s'il détient le pouvoir de *haute justice*.

À l'époque, même si le droit romano-germanique est en train de se constituer, on est loin des codes civil et pénal d'aujourd'hui et on ne fait pas la distinction entre la justice de Dieu et celle des hommes.

La façon de trancher les conflits aussi bien que les peines infligées, le plus souvent arbitraires, ont donc de quoi paraître délirantes.

Obtenir des aveux par la torture, par exemple, est la chose la plus normale du monde.

Personne ne songerait à conduire une enquête en bonne et due forme… Les peines corporelles sont très fréquentes et la peine capitale est pratiquée à tort et à travers. Elle est administrée de façon différente selon le crime et le rang social du coupable.

Au XVIIIe siècle, par exemple, un voleur est pendu mais un noble est décapité ; un hérétique est brûlé et un régicide est écartelé. En 1757, pour avoir poignardé Louis XV, Robert François Damiens est condamné à l'écartèlement puis au bûcher. Son supplice atroce est à l'origine du mouvement abolitionniste en France. Rappelons néanmoins que la terrible guillotine entrera en service une trentaine d'années plus tard et qu'il faudra attendre 1981 pour que la peine de mort soit définitivement abolie, et la guillotine reléguée dans les musées.

Une justice archaïque fondée sur le jugement divin

Au Moyen Âge, pour arbitrer les conflits, on avait coutume de s'en remettre à Dieu. Les *ordalies* étaient un brillant moyen imaginé par nos ancêtres pour faire trancher un conflit directement par le Très-Haut. Il s'agissait d'infliger à l'accusé une brûlure ou une blessure et d'étudier comment celle-ci évoluait : si elle guérissait rapidement, l'accusé était innocent ; si au contraire la blessure s'infectait et s'aggravait, pas de doute, c'était le signe qu'on avait affaire à un coupable... Par la suite, lorsque deux gentilshommes se fâchaient, la justice préconisait qu'ils se rencontrent en combat singulier. De cette façon, ils donnaient à Dieu l'occasion de faire son choix...

Pilori, galères, bagne, carcan : tout un éventail de peines délirantes !

À côté de la justice d'autre-fois, même nos épouvan-tables prisons semblent relever d'une justice clémente. Jusqu'à leur abolition en 1838, les bagnes fran-çais n'accueillaient-ils pas dans des conditions épouvantables de simples voleurs condamnés aux travaux forcés ? Déportés sur des îles hostiles dans de lointaines colonies, comme à l'île du Diable, en face de la Guyane, les bagnards étaient marqués au fer rouge et traînaient un boulet à leur pied. Rationnés et battus, traumatisés et meurtris, ils demeu-raient des bagnards toute leur vie, même après leur libé-ration.

À partir du XVe siècle, les condamnés aux travaux forcés sont utilisés comme rameurs sur les galères, où ils subissent toutes sortes de mauvais traitements. Mais les travaux forcés sont encore une peine bien douce lorsqu'on songe à ces crève-la-faim du Moyen Âge, condamnés à être enterrés vivants pour le vol d'un ballot de linge, à avoir la main coupée pour avoir subtilisé du pain ou des pommes, ou à ces pères de famille exposés au carcan pour le vol d'un sac de blé. Le *carcan* était un dispositif en bois où le condamné avait le cou et les mains bloqués. C'était une évolution du *pilori*, simple poteau planté en place de grève, où le condamné était enchaîné. Exposé à la vindicte populaire, il se faisait insulter, jeter des fruits pourris, battre, cracher et même uriner dessus.

Autrefois, et jusqu'à une époque récente, les peines encourues pour le moindre méfait étaient lourdes. D'autant plus lourdes que la justice était très approximative et que la notion d'enquête n'est apparue que tardivement. À l'époque médiévale, la peine était pensée comme une simple vengeance. Elle punissait généralement le coupable par là où il avait fauté : le voleur avait la main tranchée, le serf enfui se faisait couper le pied et le blasphémateur la langue. Même à l'aube de l'ère industrielle, il n'était pas rare qu'un simple voleur de poule écope de deux ans de prison.

Duels, bagarres, pillards, crimes : une société violente

À voir quelles peines attendaient autrefois les criminels, mais aussi les simples voleurs ou les pauvres pécheurs, on a froid dans le dos. Mais la justice d'une société est toujours à son image. La violence, qui continue d'être un problème grave de nos jours, a toujours été omniprésente.

Si nos ancêtres étaient très procéduriers et toujours prêts à porter leurs doléances et leurs plaintes aux autorités, c'est parce qu'ils étaient très vétilleux sur les questions d'honneur. Et les questions d'honneur ont toujours poussé les hommes à commettre des gestes extrêmes.

Duels, bagarres, batailles rangées entre corps de métiers, entre conscrits venus de régions ou de villages différents, agressions de douaniers, de gardes champêtres ou de collecteurs d'impôts, les faits divers n'ont jamais manqué, dans nos campagnes comme dans nos villes.

Sur la route, on était exposé aux brigands, pillards et autres *coquillards* prêts à vous occire pour vous voler votre bourse.

Au village ou dans les bourgs, les rivalités et les vieilles rancœurs entre familles pouvaient pousser les hommes à se battre comme des chiffonniers ou à s'entretuer froidement. On a même vu plus d'une fois des curés se faire battre ou assassiner, ou assassiner eux-mêmes !

Autrefois, les crimes de sang étaient monnaie courante, et ils ne donnaient pas toujours lieu à des poursuites, quand bien même le coupable avait agi au vu et au su de tout le monde. À l'intérieur même des chaumières, la violence régnait. Le chef de famille n'hésitait pas à battre sa femme ou ses enfants comme plâtre, sans perdre son temps à donner d'explications. Même à la maison, le sang coulait. Entre les épidémies, les guerres, les famines, le froid et la violence, la vie de nos ancêtres était décidément bien dure.

Roturiers ou animaux, gare à vous si vous sortez du droit chemin !

Le souci de juger équitablement tous les citoyens d'un pays et qu'une même justice s'applique pour tous n'est qu'une préoccupation récente, née avec la notion de droits de l'homme. Sous l'Ancien Régime, les riches et le petit peuple ne furent jamais logés à la même enseigne. La noblesse échappait à la justice traditionnelle et n'était justiciable que devant certaines cours spécifiques. Autant dire qu'il n'était pas question qu'un roturier intente un procès à un noble...

La notion moderne de justice a mis fort longtemps à se mettre en place. Au Moyen Âge, comme c'est Dieu qui juge de tout, on n'hésite pas à lui faire connaître toutes sortes de problèmes par la voie judiciaire. Témoins les nombreux procès intentés au début du XVIe siècle contre les parasites ayant détruit des récoltes, comme les mulots, les sauterelles ou les chenilles, que la justice locale condamnait à quitter la région ! D'ailleurs, les animaux – cochons, coqs, bœufs, mais aussi loups et ours qui terrorisaient les villageois – n'échappaient ni à la peine de mort (souvent infligée lorsqu'ils avaient blessé un humain), ni à l'excommunication !

Il y a noblesse et noblesse : certains aristocrates le sont plus que d'autres

Sous l'Ancien Régime, il y a noblesse et noblesse. Si la *noblesse d'épée* désigne la partie de la noblesse qui se consacre aux activités militaires, la *noblesse de robe* rassemble l'aristocratie qui occupe les hautes fonctions du gouvernement, en particulier en matière de justice ou de finances.

La noblesse de robe s'appelle ainsi car dans l'exercice de leur charge, ses représentants portaient fréquemment des robes qui faisaient office d'uniformes : robe de magistrat, de membre de la Cour des comptes ou des parlements. Les *offices*, une fois acquis, se transmettaient de père en fils, favorisant la constitution d'une authentique classe qui n'hésita pas à revendiquer ses droits face à la noblesse d'épée.

Notons toutefois que ces deux noblesses n'étaient pas incompatibles, puisqu'il suffisait que le fils d'un noble de robe choisisse le métier des armes pour basculer, avec sa descendance, dans l'autre catégorie.

À partir du XVIIᵉ siècle, la noblesse de robe, bien qu'elle soit majoritairement issue des anoblissements, lutta pour empêcher les roturiers enrichis de rejoindre ses rangs. Car la monarchie, toujours en quête de sources de financement, n'hésitait pas à multiplier les offices et donc les accès à l'anoblissement, fort prestigieux et fort coûteux.

Une autre catégorie de la noblesse fut celle qui rassemblait les familles sans haut lignage, mais exerçant des magistratures municipales. Elle était appelée *noblesse de cloche* ou *noblesse par fonction*. C'est ainsi qu'au fil du temps, l'aristocratie française se hiérarchisa, et que le statut de noble compta moins que l'ancienneté de la famille dans l'anoblissement. Les *lettres patentes* et autres preuves dont vous disposiez pour prouver votre filiation déterminaient si vous apparteniez à la noblesse *d'extraction chevaleresque*, c'est-à-dire *de race*, à la noblesse *d'extraction simple* (dont la filiation prouvée n'était pas antérieure au XVIᵉ siècle), ou à la noblesse *par anoblissement*, ce qui était beaucoup moins prestigieux ! On le voit, le snobisme n'a rien de récent.

Comment Louis XIV a dompté la noblesse

Soucieux d'exercer un contrôle étroit sur un pays qu'il savait capable de contester son autorité, Louis XIV eut grand soin d'écarter de la tête de l'État la noblesse, qui était susceptible de le contester.

Pour commencer, il choisit ses ministres au sein de la bourgeoisie, renforçant le pouvoir de cette classe de la société qui, un siècle plus tard, sera à l'origine de la Révolution française.

Quant à la noblesse, écartée du pouvoir, elle est conviée à Versailles, à venir partager la vie du roi et de sa Cour. Désœuvrée, la *noblesse de cour* s'égare dans le luxe et les intrigues, courant après les honneurs. Devenue insignifiante sur le plan politique, elle ne représente plus le moindre danger pour le Roi-Soleil, qui a bien réussi son coup.

Bien avant que les patronymes n'existent, les grandes familles nobles possédaient déjà des noms dynastiques (comme ce fut par exemple le cas des Carolingiens ou des Capétiens) ou celui des terres qu'elles administraient (c'est pourquoi l'on parle de la *maison* de Noailles, de Rohan ou de Montmorency).

Par la suite, les bourgeois enrichis obtenant leur anoblissement eurent souvent soin d'ajouter à leur nom patronymique celui de leurs terres, généralement rachetées à des familles nobles en mal de trésorerie. Ainsi, un Dupont anobli originaire de Montbrison devenait Dupont de Montbrison. Au fil du temps, le nom patronymique, désormais peu utilisé, tomba souvent dans l'oubli. C'est ainsi que les Dupont de Montbrison pouvaient finir par s'appeler simplement De Montbrison.

Mais ce n'est pas la particule qui fait la noblesse. Tout d'abord parce que de nombreux patronymes roturiers contiennent la fameuse préposition : Delarue, Durantin, Dutertre. Ensuite parce que la particule est depuis fort longtemps associée dans le peuple à l'idée de haute position sociale, si bien que de nombreux bourgeois n'hésitèrent pas à se l'attribuer par snobisme. Ainsi, un Rocancourt se faisait appeler *de* Rocancourt, sans détenir le moindre titre de noblesse. Dans la conversation, le flatteur n'hésitait pas à attribuer la fameuse particule à son interlocuteur, afin de lui manifester son respect. Mais finalement, le mythe de la particule était si tenace que de nombreux bourgeois firent des pieds et des mains pour acquérir – à prix d'or – tel titre de marquis ou de comte qui leur permettait d'apposer en toute légitimité à leur patronyme le *de* si recherché.

Au bout du compte, plusieurs dizaines de milliers de familles possédaient un nom à particule, dont bien peu pouvaient se vanter d'être d'authentique extraction chevaleresque.

Tenir le haut du pavé : quand les hiérarchies sociales s'expriment dans les rues

Dans la ville médiévale, dépourvue d'égouts, les immondices croupissent au centre de la rue et sont emportées par les eaux de pluie vers les cours d'eau le long d'une sorte de tranchée creusée à cet effet. Néanmoins, à la moindre averse, la terre battue des rues non pavées se mélange aux détritus et forme une boue nauséabonde dans laquelle chacun patauge. On voit alors les gens faire des bonds par-dessus les flaques et allonger le pas pour éviter de mettre les pieds dans les ruisseaux. Les bourgeois et les femmes relèvent leurs vêtements pour qu'ils ne trempent pas dans la boue.

Soucieux de ne pas trop se crotter et d'éviter les jets intempestifs depuis les fenêtres où les gens vidangent leurs pots de chambre, les passants s'efforcent de longer les murs, restant dans la partie de la rue la plus haute et la plus éloignée du ruisseau répugnant et malodorant. Ils *tiennent le haut du pavé*. Les règles de bienséance de l'époque obligent les citadins les plus pauvres à laisser le « haut du pavé » aux notables qu'ils croisent et à aller patauger dans les eaux souillées. L'expression *tenir le haut du pavé* passera donc dans le langage courant. Aujourd'hui encore, elle signifie « occuper le premier rang » et sous-entend l'accès à des privilèges, le statut social qui permet d'éviter de *se mouiller*.

Du simple curé au riche évêque

Malgré le vœu de pauvreté auquel la religion catholique est si attachée, les différents membres du clergé étaient loin d'être tous logés à la même enseigne. Issu du peuple, le bas clergé participe à la vie communautaire, au labeur quotidien des villages.

Prêtres et curés partagent l'existence fruste des paysans et subissent avec eux les fléaux et les guerres, tandis que les évêques et les chanoines, issus de l'aristocratie et disposant généralement d'une confortable fortune personnelle, mènent une existence fastueuse au sein des institutions religieuses.

Car dans la France féodale, les impôts et les dons des fidèles ont permis à l'Église d'amasser une fortune colossale qui lui confère un grand pouvoir politique. Les chanoines perçoivent un revenu confortable, les *prébendes*, qui leur permet de mener la vie luxueuse des seigneurs – la guerre en moins.

Quand l'homme et la femme
vivaient dans des mondes séparés

Dans la France de nos ancêtres, hommes et femmes vivent dans des mondes séparés. À l'homme la vie publique, les cafés, les cabarets, les foires. À lui aussi les gros travaux, les champs, les troupeaux. La femme, elle, ne sort que très rarement de chez elle. Si elle va au marché pour y vendre des volailles ou des œufs, elle se hâte, presse le pas, ne s'arrête jamais pour bavarder sur une place. Son univers, c'est celui de la maison (l'entretien de l'âtre, la préparation du pain et des repas, les enfants, la couture) et de ce qui lui est proche (porcherie, basse-cour, potager). À elle également la responsabilité de l'eau (fontaine, puits, lavoir, où elle rencontre les autres femmes) et du lait (traite des vaches ou des brebis, fabrication du beurre et du fromage).

À nos yeux contemporains, la femme d'autrefois apparaît comme une esclave, au mieux une servante. Elle prépare les repas mais reste debout tandis que son mari dîne. Elle est presque recluse chez elle, et les lieux de plaisir où les hommes se retrouvent lui sont interdits. D'ailleurs, quoi qu'elle fasse, elle ne peut le faire qu'avec l'autorisation de son mari.

Un peu comme un enfant, elle n'est pas jugée responsable par la loi. N'oublions pas que le droit de vote n'a été octroyé aux femmes qu'en 1944…

Nos grands-mères n'ont pourtant pas vécu cet état de choses comme une humiliation. C'était l'ordre naturel du monde, et personne n'y trouvait à redire.

Pas plus qu'on ne trouvait à redire au fait qu'il était normal, voire conseillé, que les hommes battent leur femme à tout propos…

La Révolution,
une aubaine économique

À la fin du XVIIIe siècle, la classe bourgeoise, ambitieuse, entreprenante, mais frustrée que son accès à la noblesse soit verrouillé par les vieilles familles nobiliaires, conteste les privilèges et provoque le soulèvement qui va renverser l'Ancien Régime.

À l'issue de ce bouleversement, les biens du clergé seront massivement vendus, de même que les terres des familles nobles ayant fui à l'étranger.

C'est là une immense opportunité pour les bourgeois enrichis d'acquérir de vastes domaines et des biens de grande valeur propres à asseoir leur position désormais dominante...

QUAND IL N'Y AVAIT NI SALAIRE MINIMUM NI CONGÉS PAYÉS

Autrefois, aucune réglementation ne régissait le travail : il n'y avait ni horaires ni congés payés ni couverture sociale. Mais tout le monde avait un travail et personne n'aurait pu inventer un concept aussi curieux que celui de vacances… La vie était réglée par les travaux des champs et les activités communautaires. L'été, on travaillait beaucoup, jusqu'à quinze heures par jour, et l'hiver, faute d'électricité, la journée de travail était raccourcie par le lever tardif du soleil et l'arrivée précoce de la nuit.

Outre les jours de foires et de noces, c'était le calendrier religieux qui déterminait les jours qui étaient chômés. Entre mardi gras et la mi-carême, Noël et les fêtes patronales, l'année comptait de nombreux jours de fête qui tenaient lieu à nos ancêtres de congés ou de RTT... L'aspect sacré du jour du Seigneur fit que du Moyen Âge au XIXe siècle, le dimanche fut chômé dans toute la France sans qu'aucune loi ne vienne imposer ce temps de récupération.

La semaine de travail ne comprenait donc que six jours, et c'était déjà ça. Mais l'ère industrielle va venir modifier cet état de fait : dans les ateliers et les fabriques, il n'y a pas de jour du Seigneur qui tienne. À la fin du XIXe siècle, près d'un tiers des ouvriers travaillent le dimanche. C'est à cette époque que le droit du travail fait peu à peu son apparition.

En 1841, la première loi relative au travail est votée : elle réglemente le travail des enfants dans les manufactures, fixant à 8 ans l'âge d'admission, à 8 heures la durée quotidienne de travail pour les enfants de 8 à 12 ans, et interdit le travail de nuit avant 13 ans...

Comme on le voit, il y a du chemin à parcourir. En 1864, les ouvriers obtiennent le droit de grève, et en 1884, le droit de se rassembler en syndicats. L'une des grandes étapes du progrès social en France interviendra en 1936 avec le Front populaire de Léon Blum.

C'est ce gouvernement qui, en signant les accords de Matignon, concède aux ouvriers des acquis révolutionnaires : amélioration de la sécurité de l'emploi, de la représentation syndicale et augmentation des salaires de 7 à 15 %. Mais surtout, la semaine de travail passe de 48 à 40 heures et les congés payés font leur apparition, avec deux semaines annuelles de vacances. D'autres progrès suivront, comme la création des conventions collectives.

Instituteur, un métier autrefois valorisant

C'est dans la seconde moitié du XIXᵉ siècle qu'apparaît cette profession qui sera la clé de l'ascension sociale de nombreuses familles. Pétri d'idées républicaines, souvent impliqué dans les affaires de la mairie, l'instituteur affiche souvent un anticléricalisme très républicain et constitue une sorte de contre-pouvoir face au curé. Il est aidé en cela par les manuels d'apprentissage de la lecture, très imprégnés des valeurs républicaines, voire un peu ridiculement patriotiques.

Devenir instituteur, c'est une des pistes qui ouvrent la voie à l'ascension sociale. Lorsque le fils d'un cultivateur devient instituteur, le pouvoir lié à l'instruction entre dans la famille. Il suffit dès lors d'une ou deux générations pour qu'un petit-fils du paysan puisse faire son entrée à l'École polytechnique, puis accède aux plus hautes fonctions de la République.

☙❧

MENTALITÉS : BLOCAGES À TOUS LES ÉTAGES

Nos arrière-grands-pères, ces grands économes…

Dans nos campagnes, l'économie de troc a longtemps prévalu. Tout se payait en nature, et du reste, on ne payait pas grand-chose, puisqu'on avait tout à disposition. On se nourrissait des produits qu'on cultivait, on puisait l'eau au puits, on cousait ses propres vêtements. On n'achetait presque rien, sauf ce qu'on ne pouvait fabriquer soi-même : parties métalliques des outils, articles de mercerie…

Au fil du temps, nos grands-pères se laisseront parfois séduire par les colporteurs et des marchands de passage, sans devenir dépensiers pour autant. Ils s'achèteront tantôt une paire de savates ou de sabots, tantôt un chapeau neuf ou une pipe ouvragée, mais l'essentiel de leurs maigres revenus en argent sera voué à être thésaurisé dans les fameux bas de laine, où ils ne puiseront guère que pour payer leurs impôts. De toute façon, en ces temps où le mot consommation n'existait pas, tout ce qu'on pouvait acheter coûtait cher. Si cher que même les outils servant au labeur quotidien devaient parfois être partagés entre plusieurs familles.

Autrefois, le sexe était-il tabou ?

Comme on peut s'en douter, la sexualité épanouie du couple n'était pas véritablement ce qu'exaltaient les curés lors de leur prêche dominical. Mais dans la mesure où elle permettait aux familles d'êtres fécondes, personne ne trouvait rien à y redire. Le sexe n'était donc pas tabou, il était même encouragé par le clergé, du moment que sa finalité était la procréation. L'essentiel était de respecter le calendrier des pratiques sexuelles en s'imposant l'abstinence certains jours de pénitence.

Une baisse d'ardeur sexuelle survenant au sein d'un couple était la source d'une véritable préoccupation. Mari et femme se gavaient alors d'aliments et de breuvages réputés aphrodisiaques, à base de poivre, de poireaux, de châtaignes ou... d'herbe à chat !

Quels étaient les plus grosses perversions de nos ancêtres ?

En des temps qui, à nos yeux de laïcs, paraissent de plus en plus lointains, on appelait cela des péchés. C'était le genre de secrets qu'on confessait à grand-peine et qui vous valaient plusieurs semaines de pénitence.

À l'époque où le sadomasochisme et le fétichisme n'étaient guère envisagés, et où le mot pédophilie n'existait pas, l'un des plus grands péchés qui soient était la *bestialité*, qu'on appellerait aujourd'hui zoophilie, dont on soupçonnait souvent les hommes seuls vivant avec les bêtes, comme les bergers.

Mais le péché entre tous, le plus grave et le plus répréhensible, était l'homosexualité. Ce péché-là vous rendait passible du bûcher, et ce jusqu'à la fin du XVIIIe siècle... Même les plus hautes figures de l'État, lorsqu'elles manifestaient ce penchant frappé d'interdit, étaient condamnées à la clandestinité. Faut-il rappeler combien l'homosexualité demeurait, pour nos pères, une véritable infamie ? Faut-il rappeler que sur cette question, nombre de nos contemporains sont restés bloqués au Moyen Âge ?

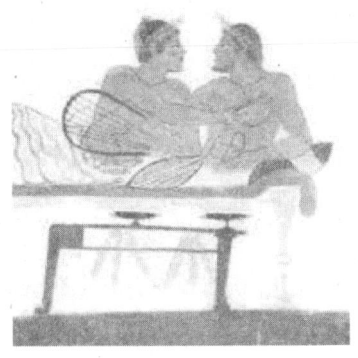

La nudité : quand nos ancêtres n'étaient pas pudiques

La perception de la nudité a beaucoup évolué au cours de l'histoire. On a peine à le croire, mais au Moyen Âge, ni les hommes ni les femmes n'éprouvaient de gêne à être vus dévêtus, voire en train de faire leur toilette ou leurs besoins. Certains n'hésitaient pas à circuler dans la rue dans le plus simple appareil, au grand dam des religieux pour qui la nudité était étroitement associée à l'image du Christ en croix.

À la fin de la Renaissance, la pudeur répond à des principes des plus étranges : se montrer nu ne pose aucun problème, du moment qu'on le fait devant des membres d'une couche sociale inférieure. Ce qui est mal vu, c'est de se dénuder devant quelqu'un qui vous est socialement supérieur. C'est pourquoi le roi n'hésite pas à se déshabiller devant ses sujets ; le fait d'assister à sa toilette ou de le voir faire ses besoins est même considéré comme un privilège !

C'est au XIXᵉ siècle que la pudeur des corps, au sens où on la comprend aujourd'hui, s'instaure véritablement. Mais bien sûr, cette pudeur n'apparaîtra que pour être bientôt transgressée par la libération des mœurs et le culte des corps.

Du môme d'autrefois à l'enfant roi

La vie du môme d'autrefois n'a rien à voir avec celle de l'enfant roi d'aujourd'hui. Dès sa naissance, le nourrisson est emballé dans un étroit paquetage de tissus et de langes qui lui plaque les oreilles contre la tête et lui maintient les jambes tendues, ceci afin de lui garantir, croit-on, une croissance harmonieuse. Durant sa première année, et à peu près jusqu'à son sevrage, enfermé dans cette gangue de tissu, l'enfant ne pourra quasiment pas bouger.

Le nouveau-né, on s'occupe peu de lui. On ne lui parle pas, on ne lui donne pas de jouets. S'il a la chance d'avoir un berceau, on l'y délaisse la plupart du temps. Et s'il n'en a pas, il partage la couche de ses parents, avec tous les risques d'étouffement que cela comporte. Il est rarement lavé, rarement changé. On dit que sa crasse le protège des maladies. On ne joue pas avec lui, on ne lui raconte pas d'histoires. Et plus tard, quand il s'agit de l'éduquer, c'est le plus souvent à coups de pied ou de poing qu'on lui donne des explications. Car tant qu'il n'est pas en âge de travailler, il n'est qu'une bouche de plus à nourrir. C'est pourquoi on lui impose bien vite de se rendre utile et de participer au quotidien laborieux de ses parents.

L'enfant de riches n'est guère mieux loti : il n'est jamais allaité par sa propre mère mais par une nourrice, de préférence à la campagne, si bien que durant ses premiers mois, il ne verra presque pas sa mère.

Puis, tant que son enfance durera, il n'intéressera guère son père, qui réserve sa fierté et ses conseils pour plus tard, lorsque le garçon sera un homme ou la fille bonne à marier.

Toutefois, l'entrée dans l'âge adulte se fait extrêmement tôt, entre 12 et 14 ans. Elle est symbolisée par un rite de passage, la communion, qui sonne la fin des jeux et des moments d'oisiveté et marque l'entrée de l'enfant dans une vie de labeur. L'âge adulte n'est véritablement atteint que vers 16 ans. Alors, il ne reste aux jeunes femmes qu'à se marier et aux jeunes hommes qu'un court répit avant la conscription…

LES DUELS, UNE CATASTROPHE POUR LA NATION

Au Moyen Âge, la pratique du duel servait à trancher les conflits. Elle était conduite sous le contrôle du roi. Mais elle perdit bientôt sa dimension judiciaire. Ni Dieu ni les rois ne se préoccupaient plus de jouer les arbitres entre les gentilshommes, mais les combats ne cessèrent pas pour autant. Ne servant qu'à résoudre des questions d'honneur, il coûtait chaque année la vie à des milliers d'hommes.

Afin d'endiguer cette pratique qui leur faisait perdre leurs meilleurs sujets, les rois publièrent d'innombrables édits interdisant la pratique du duel, prévoyant des sanctions lourdes pour ceux qui contreviendraient à cette interdiction.

Mais rien n'y fit : la pratique demeurait et gagnait même le clergé ! On se faisait discret mais on continuait à se battre pour un oui ou pour un non, souvent à mort. Le législateur alla jusqu'à menacer les duellistes de décapitation s'ils étaient pris à ferrailler, mais cela ne suffit pas à calmer leurs ardeurs.

Après la chute de l'Ancien Régime, les pouvoirs publics se montrèrent plus tolérants vis-à-vis du duel. Résultat : au XIXe siècle, on assiste à une explosion du nombre de combats. Au pistolet, au sabre ou à l'épée, aristocrates et bourgeois s'étripent pour les motifs les plus futiles. Sous le regard complaisant des autorités, des centaines d'hommes trouvent la mort sans raison, pour un mauvais mot ou un geste déplacé.

Le plus triste, c'est que nombre d'entre eux considèrent cette pratique aussi absurde qu'inutile. Mais lorsque leur honneur est en jeu, même les peureux et les hommes sans expérience du combat n'ont pas d'autre choix que de relever le défi. S'ils refusent, ils seront à jamais traités de lâches. C'est ainsi que de grandes figures historiques ou artistiques, comme Alphonse de Lamartine, Victor Hugo, Jean Jaurès ou même Marcel Proust, se sont retrouvées *sur le pré* pour échanger des coups de feu ou des coups d'épée.

Les duellistes exclus des cimetières !

Autrefois, l'Église interdisait formellement que les duellistes soient enterrés dans ses cimetières. Mais ils n'étaient pas les seuls, et de loin ! Les prostituées, bien sûr, étaient frappées du même ostracisme, ainsi que ceux qui avaient vécu en concubinage sans daigner s'unir par les liens sacrés du mariage.

Les enfants morts avant d'être baptisés n'avaient pas non plus droit de cité dans les cimetières catholiques. Sans parler, bien sûr, des juifs et des protestants. Mais la palme de l'ignominie revenait tout de même aux suicidés, coupables d'un péché impardonnable. Ceux-là étaient enterrés sur le ventre, devant l'entrée du cimetière, afin que tous les membres de la communauté les foulent aux pieds à chacun de leurs (fréquents) passages au cimetière paroissial.

LES GAUCHERS : CONTRARIÉS DEPUIS L'ANTIQUITÉ

Depuis l'Antiquité, la droite est considérée comme juste, bienfaitrice, vertueuse tandis que la gauche est mauvaise et corrompue. La langue française porte les traces évidentes de cette opposition séculaire : qui n'est pas *adroit* est *gauche*, mais qui l'est fait preuve de *dextérité* (*dextre* étant un vieux mot pour désigner le côté droit).

On se *lève du pied gauche* mais on devient le *bras droit* de son patron...

Bref, nul n'oserait, à moins d'être un suppôt du Malin, se signer de la main gauche. Car ce qu'on fait de cette main est impur et corrompu. Pas étonnant, dès lors, que les gauchers aient si souvent été rejetés, avec un paroxysme au XIXe siècle et au XXe siècle jusqu'à la Grande Guerre : un temps où le fait d'être gaucher était considéré comme un facteur criminogène et une insulte à l'ordre naturel du monde.

Dès le XVIe siècle, les règles de la politesse imposent de ne jamais se servir de la main gauche à table. Et bien entendu, les professeurs d'écriture ont toujours trouvé normal d'imposer l'écriture droitière aux élèves ; jusqu'au XXe siècle républicain, où l'Instruction publique s'est efforcée de contraindre les enfants gauchers à écrire de la main droite, comme s'il s'agissait de corriger un dévoiement précoce. Ce qui, bien sûr, était générateur de toutes sortes de troubles, notamment psychomoteurs, chez les gauchers contrariés. Il fallut attendre les années 1960 pour que cette vieille habitude sans fondement scientifique et tout à fait nocive passe de mode, et qu'on laisse enfin les gauchers être gauchers.

À QUEL SAINT SE VOUER ?

Il faut bien le reconnaître, nos ancêtres chrétiens étaient un peu idolâtres. Chaque métier avait son saint patron. Chaque région, chaque ville, chaque village avait son saint « tutélaire ». Qu'ils aient un problème de santé, qu'ils s'inquiètent pour leur récolte ou pour le tirage au sort de la conscription, ils s'en remettaient à tel ou tel saint censé être « spécialisé » dans la question qui les préoccupait et le priaient d'abondance de bien vouloir leur rendre service…

C'est que les saints faisaient partie de leur vie. Les rock stars et les super-héros n'existaient pas, la bande dessinée, la télé, n'avaient même pas encore été imaginées, et on ne lisait guère de livres car on ne savait presque pas lire. C'est dans le martyrologe que nos anciens trouvaient leurs héros et leurs épopées. Leurs saints et leurs martyrs, ils les connaissaient par cœur et les reconnaissaient à tous les coups. En déchiffrant la statuaire et les retables décorant les églises, ils découvraient la Bible comme un conte et apprenaient à reconnaître les saints.

Ceux-ci n'étaient jamais représentés sans leurs attributs, généralement liés au martyre qu'ils avaient subi. Ainsi, saint Denis, qui avait été décapité, portait toujours sa tête dans ses mains, et sainte Apolline tenait une dent dans une tenaille car ses tortionnaires lui avaient arraché les dents. Saint Sébastien était attaché à un poteau et son corps était criblé de flèches. Saint Pierre, patron des serruriers, tenait en main les clefs du paradis. Sainte Barbe était associée à la tour où elle avait été enfermée et sainte Agathe portait toujours sur un plateau ses seins qui avaient été tranchés…

Le diable, les fantômes :
on est superstitieux…

Nos ancêtres étaient de grands superstitieux ! Et pour cause : il faut bien croire en quelque chose quand on ne comprend guère les lois qui régissent la santé, le hasard, le climat… Ils étaient pieux par habitude car leur vie était rythmée par les prières et les fêtes religieuses. Pour que leurs rhumatismes cessent de les torturer, pour que la fièvre du petit baisse, pour améliorer la récolte ou empêcher les bœufs de tomber malades, mais aussi pour se protéger de la foudre (c'était une des fonctions des chandelles de la Chandeleur) ou des gelées de mai qui détruisaient les récoltes, ils avaient toujours un saint à prier.

Ils avaient beau être croyants, ils n'hésitaient pas à s'en remettre à tout ce qui pouvait leur assurer une protection : amulettes et autres talismans, adages et rituels sortis du fond de la mémoire des anciens, et même… les forces occultes !

Lorsqu'ils avaient épuisé toutes les ressources du martyrologe, lorsque le curé ne pouvait plus leur indiquer *à quel saint se vouer* et que leurs vœux n'étaient toujours pas exaucés, nos ancêtres n'avaient plus qu'une conclusion à tirer : le mauvais œil était sur eux. Si Dieu et ses saints ne les aidaient pas, il n'y avait plus de doute, ils devaient être victimes de quelque maléfice !

Ils n'hésitaient pas, alors, à s'en remettre au premier responsable, le diable, et à ses suppôts. Même si la chrétienté a impitoyablement chassé les sorciers et autres serviteurs du Malin, tous les villages de France ont longtemps eu leurs sorciers, qui se transmettaient leurs secrets

de père en fils. Certains métiers étaient d'ailleurs plus propices que d'autres à des relations privilégiées avec Satan : le forgeron qui maniait le feu, le cordier qui fournissait le gibet, ou le tisserand qui fabriquait les suaires...

Si on louait volontiers les services de ceux qui étaient susceptibles d'intercéder en votre faveur auprès du diable, on se méfiait dès lors qu'il s'agissait de personnages isolés ou inquiétants.

Car au Moyen Âge, il ne faisait pas bon être marginal ou exercer une profession solitaire, comme le bûcheron ou le braconnier : qu'un problème survienne au village et le marginal était aussitôt accusé des pires maux. On le soupçonnait d'attirer le mauvais œil ou d'avoir jeté un sort sur le village. Gare à lui, alors, et gare aux vagabonds qui venaient à errer dans le secteur.

Si les vaches du village ne donnaient plus assez de lait, si une épidémie sévissait ou si les récoltes étaient mauvaises, ça ne pouvait qu'être leur faute...

Des sous pour la France

Apparu pour la première fois en 1360, le franc a connu une longue histoire de 641 années, qui en fait l'une des plus vieilles monnaies d'Europe. Le premier franc représente le roi Jean le Bon à cheval, c'est une pièce d'or émise pour financer la rançon qui permettra de libérer le monarque, prisonnier des Anglais.

Par la suite, le nom *franc* demeura, mais il fut plutôt assimilé à la livre, monnaie qui eut longtemps cours sous l'Ancien Régime.

Les monarques frappent plutôt des écus d'or ou d'argent, avec leurs subdivisions compliquées, louis, sols et deniers. Ce système est aboli en 1795 et remplacé par un système décimal, plus simple, qui reprend le terme de *franc* : c'est le franc germinal. Par la suite, le franc restera la monnaie nationale de la France jusqu'au passage à l'euro, en janvier 2002.

Les assignats, ancêtres des billets de banque

Pendant la Révolution, l'État français est dans une situation financière catastrophique, avec un endettement très lourd qui menace la survie de la toute jeune République. C'est en raison de ce problème qu'est décidée la confiscation des biens du clergé, qui représente un apport considérable de richesses à l'État, de quoi l'aider à se sortir de l'ornière.

La difficulté est qu'il faut agir vite et que la vente des biens du clergé prend du temps. C'est pourquoi il est décidé de diffuser des billets dont la valeur est assignée sur celle des biens à vendre du clergé. Ces billets, appelés *assignats*, sont une fausse bonne idée. En effet, l'État va très vite se servir d'assignats pour toutes ses dépenses courantes. En parallèle, une diffusion massive de faux assignats se met en place. Ces bouts de papier ne tardent donc pas à se déprécier. En 1797, l'assignat est retiré de la circulation, puis remplacé par la bonne vieille monnaie en métal. Six ans plus tard, en 1803, les premiers billets de la Banque de France sont émis. Le chèque, quant à lui, fera son apparition en France en 1865, plus d'un siècle après sa création en Angleterre.

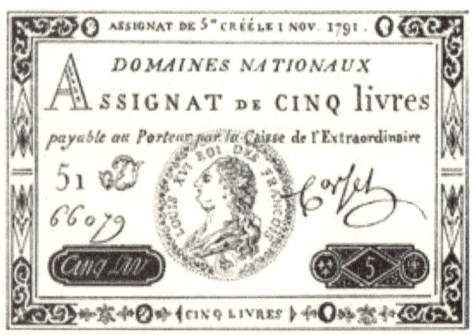

Les impôts, une vieille histoire

C'est dans les provinces et comtés créés par Charlemagne, autour de l'an 800, que les comtes et les évêques commencent à lever les premiers impôts. Mais ce sont surtout les rois capétiens qui, dès le haut Moyen Âge, vont ordonner les impôts royaux.

À l'époque féodale, l'unité administrative fondamentale est la seigneurie, regroupée autour du château. Puis, peu à peu, la paroisse devient le pivot administratif des campagnes parce qu'elle sert de circonscription fiscale pour la levée des impôts royaux. Une situation que seule la Révolution française viendra bouleverser avec la mise en place d'une administration républicaine dotée d'institutions locales.

Le système féodal des banalités... n'est pas banal !

Rendez-vous compte qu'un paysan d'autrefois ne possédait presque rien au monde. Le plus souvent, il n'était pas propriétaire des terres qu'il exploitait, ni du terrain sur lequel il avait installé sa masure. Dans certains cas, même ses outils ne lui appartenaient pas.

Les habitants d'une seigneurie féodale étaient d'autant plus démunis que la plupart des installations techniques existant à l'époque appartenaient au seigneur. Certes, il en assurait la construction et l'entretien, et avait obli-

gation de les mettre à la disposition des habitants de son fief. Mais l'utilisation du four à pain, du pressoir, du moulin sont des monopoles techniques du seigneur et les paysans doivent payer pour les utiliser. C'est ce qu'on appelle les *banalités*. Certains seigneurs s'arrogeaient même le droit de posséder des taureaux ou des verrats ; ainsi, la reproduction du bétail pouvait également être soumise à redevance.

Il faudra attendre la Révolution française pour que ces privilèges seigneuriaux soient abolis et que chacun puisse posséder four à pain, taureau ou pressoir. Néanmoins, même à l'aube de l'ère industrielle, beaucoup de paysans ne possédaient en tout et pour tout que la chemise qu'ils avaient sur le dos, ainsi qu'une paire de bœufs qui les aidaient aux travaux des champs.

Que ceux-ci viennent à mourir, que le chef de famille tombe malade, et c'était la catastrophe ! En dépit de la solidarité villageoise, il ne fallait pas grand-chose pour qu'une famille effectue une plongée irréversible vers la misère noire.

Déjà trop d'impôts

Quand il n'était pas encore question d'ISR, de CSG ou de CRDS, on se lamentait déjà sur les impôts. Voici la liste des principales taxes qui pesaient sur les épaules de nos ancêtres désargentés.

- *La corvée* : un impôt non pécuniaire qui a existé tout au long du Moyen Âge. Il s'agit pour les vilains de donner plusieurs jours de travail par an à leur seigneur, en général sur les terres personnelles de celui-ci. Souvent, ils doivent venir avec leurs outils et leurs bêtes de somme. Selon les régions, il deviendra par la suite possible aux paysans de racheter leurs journées de corvée seigneuriale. Seuls les plus pauvres demeurent donc *corvéables à merci*. Cet impôt emblématique du monde féodal a été aboli définitivement lors de la Révolution française.

- La *taille* : comme tous les impôts, la taille est au départ un impôt exceptionnel levé pour faire face à un problème budgétaire. À partir du XIIe siècle, elle est régulièrement prélevée par les seigneuries sur les revenus des paysans. Un manant peut être taillable *à merci*, c'est-à-dire au bon vouloir du seigneur, ou *à bone*, c'est-à-dire selon un montant forfaitaire fixe (d'où le mot *abonnement*). À partir de 1439, devenu annuel et permanent à cause de la guerre de Cent Ans, c'est essentiellement cet impôt qui finance le budget royal. Sous Henri IV, la taille représentera à elle seule 60 % des revenus du royaume ! Elle sera finalement abolie par la Révolution française.

- La *dîme* : le mot *dime* est un ancien mot signifiant *dixième*. Depuis le Moyen Âge, chacun est tenu d'offrir un dixième de ses ressources à l'Église. Les paysans payent en nature sur leur récolte, les artisans sur leur production. Souvent perçu comme une obligation morale ou religieuse justifiée par la Bible, cet impôt assure au clergé des revenus confortables dont bénéficient surtout ses hauts représentants... La dîme sera abolie à la Révolution.

- Le *vingtième* : comme son nom l'indique, cet impôt direct correspond au vingtième des revenus des contribuables. Institué en 1749, il présente plusieurs originalités : d'abord, il est instauré en temps de paix, alors que les levées d'impôts ont de tout temps été provoquées par des guerres ; ensuite, il est d'emblée définitif, tandis que tout nouvel impôt est généralement prétendu exceptionnel ; enfin, il touche l'ensemble de la population. Cette dernière originalité provoquera le scandale dans la noblesse et le clergé, au point que de nombreux aristocrates s'arrangeront pour en être exemptés, c'est le début de la fraude fiscale ! Au début de la guerre de Sept Ans, en 1756, un deuxième vingtième est mis en place, puis un troisième, qui sera néanmoins supprimé par la suite.

- La *gabelle* : une taxe indirecte sur la consommation de sel, collectée par les *gabelous*. Le sel étant le seul moyen de conserver durablement les aliments, la population en consomme beaucoup. D'où l'intérêt pour la royauté de faire de sa vente un monopole royal. D'origine romaine et instituée vers le XIIᵉ siècle, la gabelle sera  abolie par la Révolution, mais un impôt sur le sel sera rétabli par la suite sous Napoléon Iᵉʳ. La suppression définitive de cet impôt n'interviendra qu'en 1945 !

- La *capitation* : mis en place en 1695 suite à une crise économique, cet impôt touche normalement toute la population, mais le clergé en sera exempté en payant son rachat définitif en 1710. Deux ans après sa création, la capitation est supprimée mais elle est de retour en 1701. Les nobles bénéficieront de nombreuses réductions qui rendront pour eux cet impôt quasiment indolore.

LES NICHES FISCALES ET LES PROBLÈMES DE DÉFICIT BUDGÉTAIRE... DÉJÀ SOUS LOUIS XIV !

Au XVIIᵉ siècle, l'aristocratie est dispensée de certains impôts, comme la taille, et ne paye les autres – vingtième, capitation, etc. – qu'à taux réduit. Avec les anoblissements en masse, l'inflation du nombre de familles nobles a fini par peser sur les finances du royaume.

Confronté à ce problème, Louis XIV décide d'engager une vaste campagne de vérification, afin de distinguer les « usurpateurs » des « véritables gentilshommes ».

Faisant obligation à tous les nobles de prouver leur lignage, cette campagne est surtout l'occasion de renflouer les caisses du Trésor, car tout le monde, au bout du compte, est mis à contribution : aussi bien des nobles d'extraction ancienne, qui acquittent un droit de confirmation, que ceux qui ne peuvent prouver l'ancienneté de leur état nobiliaire et qui se retrouvent lourdement taxés.

L'affaire s'avère même si rentable que le Roi-Soleil ne tarde pas à la renouveler en taxant les blasons, qui sont depuis longtemps aussi recherchés que les particules et les titres de noblesse.

Pour Louis XIV, la question de l'état nobiliaire de ses courtisans était donc surtout une affaire de gros sous.

L'impôt sur les portes et fenêtres : quelle drôle d'idée !

La Révolution française ayant aboli la plupart des anciens impôts royaux, il fallait bien en instituer de nouveaux pour financer l'État et la guerre. C'est ainsi que l'Assemblée constituante en vint à créer un impôt sur les portes et fenêtres. Celui-ci visait les propriétaires et cherchait à être proportionnel à leur richesse, c'est pourquoi l'assiette était établie sur le nombre et la largeur des portes et fenêtres des immeubles...

Cet impôt eut pour conséquence d'inciter la construction de logements insalubres dotés de minuscules fenêtres, et provoqua la fermeture et la condamnation de nombreuses ouvertures par des propriétaires souhaitant réduire leur imposition. Ainsi, on voit encore aujourd'hui de nombreux immeubles ayant des fenêtres condamnées, ou peintes en trompe-l'œil sur des façades aveugles. Ce curieux impôt fut supprimé en 1926.

LA RÉVOLUTION FRANÇAISE : UNE VASTE RÉORGANISATION ADMINISTRATIVE DU PAYS

Sous l'Ancien Régime, la loi civile en France était disparate, non unifiée et dénuée de principes communs. Tout ce qui était administratif était extrêmement compliqué, enchevêtré.

Qu'il s'agisse des systèmes métriques, des circonscriptions administratives ou de la monnaie, les héritages d'époques différentes se mêlaient si bien que c'était finalement le désordre qui régnait.

Au moment de la Révolution française, les privilèges de la noblesse sont abolis et les institutions de la jeune République entreprennent la rédaction d'un *code civil* unique. Celui-ci entrera en vigueur sous Napoléon (qui d'ailleurs en tirera une gloire largement usurpée) et inspirera par la suite tous les législateurs européens.

Par ailleurs, la Révolution française crée l'*état civil* : désormais, ce ne sont plus les églises mais les mairies qui enregistrent les naissances, les mariages et les décès.

C'est aussi à cette époque de grandes réformes que la France adopte une organisation territoriale moderne. Les anciennes provinces, circonscriptions et sous-circonscriptions sans cohérence sont abandonnées et remplacées par un découpage uniforme en départements. Le franc est adopté comme monnaie unique dans tout le territoire. De même, tous les systèmes de mesure (longueur, poids, etc.) sont harmonisés : les unités déterminées alors (mètre, gramme, litre) sont toujours en vigueur aujourd'hui.

Une égalité pas tout à fait égale...

Le principe d'égalité proclamé haut et fort par les révolutionnaires ne s'appliquait pas à tous. Il oubliait... la moitié de l'humanité ! En effet, les femmes, en dépit de leurs protestations et de leur participation active à la Révolution, sont exclues des assemblées politiques et n'ont pas le droit de vote. Pour voter, elles devront attendre... 1945 ! Ce ne sera que le début d'un long combat pour l'émancipation.

LES DÉPARTEMENTS FRANÇAIS DESSINÉS EN FONCTION DES TRAJETS À CHEVAL

Autrefois, le territoire français était subdivisé en un fatras de circonscriptions et de sous-circonscriptions qui relevaient de l'organisation ecclésiastique, militaire, judiciaire, fiscale, etc. Cependant, personne n'avait jamais entrepris d'y mettre de la cohérence.

En 1790, après avoir aboli les privilèges hérités de l'Ancien Régime, la Convention nationale décide de rationaliser l'organisation territoriale du pays.

Elle crée une nouvelle division administrative : le département, petite portion de territoire placée sous l'autorité d'un chef-lieu. Au départ, il y a 83 départements. À l'époque coloniale, ce nombre montera à 130 ; il est aujourd'hui de 100.

Comment la carte des départements fut-elle dessinée ? C'est simple : il fallait que n'importe quel point du territoire se trouve à moins d'une journée de cheval de son chef-lieu !

LA MAIRIE SUPPLANTE
LE CHÂTEAU ET L'ÉGLISE

La mairie, symbole local du système républicain, arrive dans les villes et les villages avec la Révolution française. Elle est destinée à supplanter l'église et le château : désormais, c'est elle qui constitue le lien des citoyens avec la justice et le gouvernement.

Pour exister face aux institutions traditionnelles, et particulièrement religieuses, qui ont organisé la vie collective depuis le Moyen Âge, la mairie doit imposer son autorité, à grand renfort de symboles. C'est pourquoi elle est souvent installée sur la place principale des communes, en face de l'église. Arborant fièrement des drapeaux bleu-blanc-rouge, elle est voulue plus grande que le château. Elle abrite généralement une école, une salle des fêtes, et bientôt un monument aux morts installé sur la place de la mairie célébrera les citoyens morts pour la France.

Dans sa rivalité avec le clergé, la mairie dispose d'un atout de poids : l'instituteur. Détenteur du savoir et pétri de valeurs républicaines, l'instituteur, souvent, n'est pas un enfant du pays, ce qui incite la population locale à se méfier de lui.

Mais il se fait accepter et respecter en participant à la vie collective et en occupant fréquemment des fonctions administratives à la mairie. Toujours de bon conseil, il est la clé de l'avenir des enfants et le relais indispensable des valeurs de la République.

DES BANCS DE L'ÉCOLE AU VASTE MONDE

QUI A EU CETTE IDÉE FOLLE D'INVENTER L'ÉCOLE ?

Comme le dit la chanson, c'est bien à ce sacré Charlemagne (qui ne savait ni lire ni écrire !) que nous devons l'école. Dans tout le royaume, il fit construire des monastères et encouragea les moines à créer des écoles. L'avènement de l'enseignement scolaire contribua à la diffusion des textes religieux et donc à la propagation du christianisme.

C'est au XIIᵉ siècle qu'apparaissent les universités. Bien qu'elles ne forment qu'une étroite élite, ces institutions suffiront longtemps à pourvoir le royaume en savants, médecins et autres théologiens. C'est à partir du XVᵉ et du XVIᵉ siècle que l'école se développe, encouragée par l'essor de l'imprimerie et la concurrence acharnée entre Réforme et Contre-Réforme. Dans les collèges, créés à cette époque par les jésuites, apparaissent les classes de niveaux et les examens de passage. Si le roi se montre toujours favorable au développement de l'instruction, il ne fera jamais rien pour élaborer un système éducatif digne de ce nom.

C'est pourquoi les instructeurs demeurent les ecclésiastiques. La bourgeoisie sera généralement la seule classe de la société à mettre ses enfants à l'école, tandis que les pauvres et les nobles n'en verront pas l'intérêt.

Lorsqu'arrive la Révolution française, l'éducation ne figure pas, comme on pourrait s'y attendre, parmi les priorités de la jeune République.

Les institutions de l'Ancien Régime se perpétuent sans grand changement. Bientôt, c'est le retour au système monarchique : Napoléon n'engage pas de réforme de l'école primaire mais il fait de l'enseignement au collège un enseignement militaire. Rythmée par des coups de tambour, la journée commence très tôt, dès le lever du jour, et s'achève très tard, après 21 h. L'enseignement se fait à la baguette, et il y a une raison à cela : il ne s'agit pas d'instruire les masses mais de former les futurs gradés de l'armée napoléonienne.

En 1841, la loi restreignant le travail des enfants dans les manufactures commence à faire de l'enfance un sanctuaire propice à l'éducation. Mais c'est dans le dernier quart du XIXe siècle que l'école française connaîtra sa réforme la plus considérable. Ministre de l'Instruction publique depuis 1879 puis président du Conseil, Jules Ferry est un homme volontaire et engagé. Il a juré publiquement de se dévouer corps et âme à la cause de l'éducation du peuple. Il met en place l'école laïque, gratuite et obligatoire jusqu'à 13 ans, fait construire des bâtiments scolaires, dans ou à côté des mairies. Tableaux noirs, plumiers, pupitres révolutionnent le monde vieillot et dépouillé de l'instruction, qui fait peu à peu la découverte de la pédagogie. Tout ceci a pour conséquence d'asseoir un peu mieux la République, en donnant plus de poids à ses institutions face à l'Église et aux potentats locaux. Désormais, l'école offre aux enfants des ouvriers et des paysans une réelle chance de s'élever socialement.

Un métier d'autrefois : écrivain public

C'était souvent sur les foires qu'officiaient les écrivains publics d'autrefois. Car nos aïeux ne savaient ni lire ni écrire, et il était donc difficile pour eux d'échanger des lettres avec des parents vivant loin ou de rédiger les rares courriers administratifs qu'ils pouvaient être amenés à envoyer. Ils s'en remettaient donc à l'écrivain public, qui lisait à voix haute les lettres qu'ils avaient reçues ou qui se chargeait d'écrire pour eux, en faisant au passage l'effort de formulation dont ils étaient souvent incapables.

Aller à l'école autrefois :
un parcours du combattant

L'éducation a toujours souffert de problèmes de budget. Autrefois, les salles de classe étaient installées dans des locaux vétustes, mal chauffés, sans matériel ni confort. Les enfants ne fréquentaient l'école que de 5 à 6 mois par an, et ce pendant une huitaine d'années seulement, car le reste du temps, ils étaient appelés aux travaux des champs.

En effet, les générations qui nous ont précédés ne faisaient pas comme nous une différence radicale entre l'enfance et l'âge adulte. Un enfant ayant atteint l'âge de raison était un travailleur comme un autre, et le temps qu'il passait à l'école était du temps de travail perdu.

Au XIXe siècle, grâce aux efforts de l'État, l'école se développe beaucoup, mais elle reste pour les enfants un lieu étrange et inutile : on y parle le français ou le latin et non le patois que tout leur entourage pratique. On y apprend un art bien difficile et de peu d'utilité dans les travaux des champs : l'écriture. Imaginez qu'à l'époque, le stylo n'existe pas ! On écrit avec une plume d'oie, ce qui se révèle être une opération fort complexe, d'un apprentissage long.

De plus, l'école n'est pas gratuite : en hiver, chaque enfant doit apporter une bûche qui permettra de chauffer la salle de classe. Le papier aussi est très coûteux, et ne parlons pas des livres !

Ajoutez à cela que les punitions corporelles sont fréquentes : coups de verge et coups de règle pleuvent sur les enfants ayant du mal à retenir la masse d'informations qu'on leur demande de bachoter.

L'école sonne le glas des patois et des parlers locaux

Le français du XXIᵉ siècle ne comprendrait guère la langue baragouinée par ses ancêtres : même à la cour du roi, on parlait avec une sorte de rudesse paysanne, en roulant abondamment les r !

Du reste, la France n'a longtemps pas parlé le français. À travers le pays, on rencontrait une mosaïque de patois locaux ou de jargons professionnels, sans harmonie, au point que les voyageurs avaient parfois bien du mal à se comprendre entre eux. L'unification de la langue s'est faite très progressivement et ne s'est d'ailleurs (et heureusement, pourrait-on dire) jamais achevée. Alsace, Bretagne, Limousin, Provence, Corse, tous disposent de leur langue locale.

L'école a beaucoup contribué à ce processus d'unification. Les maîtres d'école s'efforçaient par tous les moyens d'empêcher les élèves de parler leur patois. Brimades et punitions pleuvaient, le martinet claquait et le bonnet d'âne attendait tout élève qui laissait échapper un mot de patois dans la salle de classe. Peu à peu, les dialectes furent amenés à disparaître ou à se marginaliser. La Grande Guerre, qui obligea les soldats issus de régions différentes à parler français pour se comprendre, puis l'essor des médias, ont porté le coup final aux parlers régionaux qui sont désormais menacés de disparition.

Car à cette époque, les méthodes d'apprentissage ne sont ni modernes ni plaisantes, avec le primat du par cœur et une absence totale de pédagogie et de tri dans les informations. En histoire, par exemple, l'enfant doit retenir des centaines de dates, de noms et d'événements totalement insignifiants, comme les dates de naissance et de mariage des monarques étrangers…

Du coup – et comment s'en étonner ? – l'assiduité des enfants laissa longtemps à désirer.

LA TRÈS VIEILLE HISTOIRE DU PAPIER

C'est en Égypte et dans le sud de la Mésopotamie que le papyrus est apparu, il y a environ sept millénaires. Fabriqué à partir des tiges de la plante éponyme, le papyrus était initialement utilisé sous forme de rouleaux manuscrits. L'invention du codex, l'ancêtre du livre, conduisit à ce qu'il soit fabriqué sous forme de feuillets.

Deux siècles avant notre ère, apparaît le parchemin qu'on fabrique à partir de fines peaux animales de couleur claire, généralement des peaux de mouton ou de veau. Peu à peu, le parchemin remplace le papyrus. Toutefois, sa production est limitée par la rareté du bétail, ce qui ne rend pas possible une diffusion large dans la société. Du fait de son coût, le parchemin est utilisé avec parcimonie. Souvent, les scribes réutilisent les parchemins usagés en grattant l'ancien texte pour le faire disparaître. C'est pourquoi certains d'entre eux, les *palimpsestes*, portent la trace de plusieurs couches d'écriture successives.

Le parchemin connaîtra une longue carrière : ce n'est qu'à partir du XIVe siècle qu'il sera remplacé par le papier chiffon, un papier produit à base de fibres végétales broyées, dont les Chinois ont eu l'idée plus de douze siècles auparavant... La fabrication du papier chiffon incorpore des textiles usagés, c'est pourquoi les vieux chiffons acquièrent une valeur importante qui fera la gloire du métier de chiffonnier. L'apparition de l'imprimerie au XVᵉ siècle, qui permet une diffusion large du livre, provoque une augmentation considérable de la production de papier. Désormais, les innovations vont se succéder, conduisant à des processus de fabrication accélérés. C'est au XIXᵉ siècle qu'apparaît le papier fabriqué à partir de bois, c'est-à-dire le papier dont est constitué le livre que vous avez en main.

L'ÉCRITURE À LA PLUME, UNE VÉRITABLE GAGEURE

Avant l'invention du stylo, on écrit à la plume. Un exercice bien délicat : il faut sans arrêt tremper l'instrument dans l'encrier, éviter de faire taches et pâtés tandis qu'on écrit sur un papier dont les fibres entravent sans arrêt la course de la plume. Afin d'éviter de trop cochonner son texte, on garde à portée de main une fiole de poudre noire, un mélange de sable et de cendre qu'on verse en petite quantité sur ce qu'on vient d'écrire, et qui absorbe le surplus d'encre tout en accentuant le contraste de l'écriture sur

le papier. Par la suite, on utilisera abondamment le papier buvard, que nos écoliers connaissent encore aujourd'hui.

La plume, quant à elle, est dans la plupart des cas une plume d'oie, mais les plumes de corbeau sont également très appréciées.

Pour obtenir un bon instrument, il faut trouver la plume idéale, dont la partie cornée soit assez souple pour écrire, mais assez rigide pour ne pas s'user trop vite. Tailler sa plume, c'est tout un art, que l'homme habitué à écrire finit par maîtriser à merveille, interrompant fréquemment son travail pour ajuster son outil.

En matière d'encre, la matière première idéale est l'encre de seiche, mais comme celle-ci est rare, on utilise des mélanges confectionnés à base de minéraux broyés. Pas question d'acheter des cartouches : chacun confectionne lui-même son encre et possède une recette bien à lui.

Ajoutez à cette somme de contraintes le fait que le petit kit de l'écrivain n'est pas accessible à tout le monde : le papier, les plumes, l'encre, tout cela coûte cher.

Il faut savoir tailler sa plume et calligraphier ses lettres pour utiliser le moins possible d'encre et de papier. Et, bien entendu, il n'est pas question de s'y reprendre à deux fois et de jeter son brouillon à la corbeille.

Voilà pourquoi autrefois, écrire était un métier : écrivains publics, penseurs, mais aussi commis aux écritures, scribes et autres notaires possédaient un savoir-faire que seuls l'école obligatoire et le progrès technique rendront accessible au plus grand nombre.

De la plume d'oie au stylo à bille

C'est à la fin du XIXe siècle que la bonne vieille plume d'oie est progressivement supplantée par un outil plus moderne : la plume métallique, qui, avec son porte-plume, se diffuse dans les écoles.

En 1827, le Roumain Petrache Poenaru met au point un porte-plume portable, doté d'un réservoir d'encre, qui est l'ancêtre de notre stylo à encre. Mais cet ustensile présente encore des défauts et des difficultés d'utilisation. Lewis Edson Waterman, un Américain, assureur de profession, va résoudre ces problèmes vers 1880, en mettant au point le stylo à encre (presque) infaillible.

Quant au stylo à bille, c'est à un journaliste hongrois du nom de Lazlo Biro que nous le devons. Mis au point en 1938, il constitue une véritable révolution que nos ancêtres lettrés, qui se battaient avec leurs plumes d'oie et leur encre, nous envieraient au moins autant que les automobiles et les ordinateurs.

COMMENT S'INFORMAIT-ON AVANT LES JOURNAUX ?

Comment les anciens faisaient-ils pour savoir ce qui se passait dans le monde au-delà des limites de leur coin de pays ? En l'absence d'internet, de journal télévisé, de radio et même de journaux (ceux-ci ne se sont réellement développés qu'à partir de la fin du XVIIIe siècle), étaient-ils condamnés à ne connaître que les rumeurs qui passaient par leur campagne ? Non, dans la France d'antan, tout village disposait d'une source fiable d'information : le curé. Durant son prône dominical, à l'occasion de la messe, il transmettait à la communauté réunie au complet toutes les informations qu'il avait lui-même reçues des autorités ecclésiastiques. Ces informations allaient bien au-delà des questions de religion. Elles concernaient par exemple la naissance d'un dauphin à la cour du roi ou la victoire remportée par l'armée royale dans quelque bataille en cours. C'était le prêtre qui relayait auprès de la population les dernières ordonnances royales, ainsi que les prières à exécuter pour saluer tel ou tel événement. En bon présentateur, il déroulait ensuite le carnet mondain : mariages, naissances, décès. Enfin, il achevait son allocution par un sermon où il était question de morale religieuse ou de théologie – et comme il manquait souvent d'inspiration, c'était là le moment le plus ennuyeux de toute la messe.

COMMENT L'ARMÉE RECRUTAIT-ELLE AVANT LE SERVICE MILITAIRE ?

Le service militaire n'a pas toujours existé. Il a été créé en 1798, à l'instigation du général Jourdan. Auparavant, afin de grossir les rangs des armées, il y avait deux solutions : recruter des volontaires et organiser des levées de masse.

Tout au long de l'année, les sergents recruteurs arpentent les campagnes et, en ville, les rues très fréquentées du petit peuple. Roulements de tambour, uniforme rutilant qui fait rêver les jeunes hommes : le recruteur sait appâter le chaland. Par ses beaux discours, il attire à lui les paysans, les gagne-petit et les jeunes apprentis en leur promettant des soldes mirifiques, ce que semble confirmer la bourse sonnante qu'il ne manque pas d'avoir à la ceinture. Souvent, un tonneau de vin est à la disposition des candidats potentiels qui viennent à passer. Avec quelques verres dans le nez, ceux-ci s'avèrent beaucoup moins difficiles à convaincre... Sans trop y penser, certains signent. Et soudain, leur vie bascule.

Lorsque l'armée a besoin de nouvelles recrues en masse, surtout à partir de la Révolution, elle réquisitionne les jeunes hommes dans les campagnes, souvent de façon très arbitraire.

Certes, il y eut des époques où l'on partait la fleur au fusil, mais la plupart du temps, nos aïeux n'avaient pas particulièrement envie de mener une vie de caserne dans une armée souvent mal considérée par le peuple, ni d'aller trouver la mort sur le champ de bataille.

Certains essayaient donc par tous les moyens d'échapper à la réquisition. Une technique imparable, mais guère réjouissante, consistait à se faire volontairement pourrir les dents, à l'aide d'acide ou de quelque poison, car un soldat aux dents pourries aurait été incapable de déchirer les cartouches avant de les introduire dans son fusil. Encore plus imparable, et sans doute plus agréable : le mariage, tout simplement. En effet, les hommes mariés échappaient à la levée.

Ainsi, quand la guerre se profilait à l'horizon, avec ses inévitables réquisitions, malheur à ceux qui n'arrivaient pas à trouver femme rapidement !

Le service militaire, la seule escapade loin de chez eux de nos ancêtres

Autrefois, on ne sortait de son village ou de sa ville que pour se rendre à quelque foire dans un village voisin. Et encore, nous ne parlons que des hommes, car tout au long de leur vie, les femmes n'avaient guère l'occasion, et encore moins le droit, de s'éloigner de leur foyer.

Pour beaucoup d'hommes de ces vieilles générations, le service militaire constitue le voyage de leur vie. Imaginez que soldat, vous pouviez quitter votre Berry ou votre Loiret natal pour aller arpenter le désert algérien, la brousse africaine, voire la jungle asiatique !

Jamais nos aïeux ne s'aventureront aussi loin de chez eux que durant cette période de risque et d'aventure, qui nourrira leurs souvenirs et leurs conversations au coin du feu jusqu'à la fin de leurs jours.

LES SOLDATS DÉSIGNÉS PAR... TIRAGE AU SORT !

En 1804, par décret impérial signé de Napoléon, le tirage au sort et le conseil de révision sont instaurés. Il s'agit d'un curieux système d'enrôlement aléatoire dans l'armée. Un système qui nous paraîtrait à la fois injuste et ridicule… Chaque année, les cantons français doivent fournir leur quota de soldats « frais ».

230

Les conscrits, c'est-à-dire tous les jeunes hommes d'une classe, exception faite des hommes mariés ou veufs avec enfants, sont donc convoqués dans leur mairie de canton afin qu'il soit procédé au tirage au sort qui scellera leur destin.

Dans une urne, chaque conscrit tire un billet numéroté qui décide de son sort : ceux qui tirent un grand chiffre ont une chance d'échapper au service militaire, dans la mesure où le quota sera peut-être atteint grâce aux conscrits ayant tiré les plus petits nombres. Ces derniers n'ont presque aucune chance d'échapper à l'armée.

Après avoir procédé au tirage au sort, les conscrits passent devant le conseil de révision, qui décidera s'ils sont aptes ou non à être enrôlés. Les critères de cette seconde sélection sont exclusivement physiques. Les hommes de petite taille (moins d'1,54 m) sont réformés, de même que les édentés, les boiteux, les hommes présentant des difformités, une mauvaise vue ou des signes de démence, ainsi que les pieds bots ou plats.

Si la plupart des conscrits d'une classe rêvent d'échapper au service, le fait d'être apte demeure un signe indispensable de virilité. Aussi, lorsqu'un jeune homme est ajourné ou réformé, même si sa promise se réjouit de le voir rester auprès d'elle, lui-même vit généralement la chose comme une humiliation.

Après le passage devant le conseil de révision, un préposé proclame les noms de ceux qui partent sous les drapeaux intégrer l'armée active, puis ceux des réservistes. Commence alors la valse des remplacements. Car une loi autorise les appelés à éviter de partir, s'ils parviennent à se trouver un remplaçant...

Ainsi, c'est un véritable marché qui se crée : certaines familles aisées sont prêtes à payer cher pour éviter à leurs fils de partir.

Et dans les couches populaires, de jeunes hommes s'assurent une rente en vendant leur aptitude au service. Les plus audacieux iront jusqu'à en reprendre pour un deuxième tour, n'hésitant pas, pour l'argent, à passer plus d'une décennie loin de leur province.

Sept ans de service militaire !

Selon les époques, la durée du service militaire pouvait être fixée à 5, 6 ou 7 ans ! On comprend dès lors que ceux qui rêvaient d'y échapper soient prêts à faire un pèlerinage dans une région lointaine pour invoquer quelque saint, ou portent des talismans réputés provoquer la chance. On comprend même, à la limite, ces pauvres diables qui allaient jusqu'à se mutiler en se coupant l'index droit, car ceux à qui ce doigt manquait ne pouvaient pas tirer au fusil, et étaient donc réformés.

LA ROUTE,
UN UNIVERS IMPITOYABLE

Entre les voies romaines et nos autoroutes, on ne peut pas dire que le progrès ait été continu. Car si l'antique voie romaine est régulière, pavée, et permet une circulation rapide et facile, au Moyen Âge personne ne s'avise d'entretenir ni de développer les routes de France. En ces temps-là, on circule essentiellement à pied. Pour traverser le pays, on emprunte un lacis de chemins, de sentiers et de traverses boueux et mal balisés, avec passages à gué et traversées dans l'obscurité de bois ou de forêts. D'innombrables péages et barrages permettent de contrôler et de taxer la circulation des marchandises et des personnes, et un peu partout, des brigands de grands chemins s'embusquent pour rançonner – et souvent tuer – les voyageurs solitaires et les convois sans défense.

En l'absence de voitures et d'autoroute, il est parfois plus rapide de passer par les voies navigables, en prenant un coche d'eau ou en montant sur les embarcations des mariniers qui transportent des marchandises par voie fluviale. À l'aube des Temps modernes, à travers tout le royaume, l'état des routes est épouvantable. Très peu d'entre elles sont carrossables, c'est-à-dire que la plupart du temps, y faire circuler un carrosse est quasi impossible. C'est essentiellement sous le règne de Louis XIV, et à l'initiative de Colbert, que des travaux de réparation et de modernisation du réseau routier français sont entrepris.

AU FIL DES SIÈCLES, LES TEMPS DE TRAJETS RÉDUISENT

On imagine bien qu'autrefois, il n'était pas question d'aller rendre visite pour un week-end à un parent vivant dans une autre région. Au contraire, à l'exception des militaires, des marchands et des compagnons du Devoir, l'immense majorité des gens ne quittaient jamais les environs qui les avaient vus naître. Jusqu'à l'ère industrielle, ses trains et ses voitures, si quelqu'un était parti s'établir dans une ville ou une région un peu éloignée, il lui était souvent impossible de revenir au pays rendre visite à ses parents. Partir, c'était partir pour toujours, et vous imaginez combien les adieux d'autrefois pouvaient être déchirants.

Si voyager était presque impossible, c'est d'abord parce que cela prenait un temps fou. Au Moyen Âge et à la Renaissance, on circule généralement à pied, mais même au XVIIIe siècle, il faut cinq à six jours pour effectuer un Paris-Lyon ! Et encore, si les conditions sont bonnes. Car les voyages d'autrefois étaient aussi coûteux qu'inconfortables. Rares étaient ceux qui pouvaient s'offrir le luxe de voyager à cheval. Le plus souvent, les voyageurs devaient s'entasser dans des voitures grinçantes et brinquebalantes, tirées par des attelages le long de routes défoncées, subissant les intempéries, le froid ou le soleil brûlant. Les voyages duraient plusieurs jours, durant lesquels on vivait dans une très incommode promiscuité, faisant arrêter le convoi pour aller se cacher derrière un buisson lorsqu'une envie pressante se faisait sentir.

Au Moyen Âge, ce sont les châteaux et les couvents qui offrent un abri pour la nuit aux voyageurs de passage. Mais bientôt, des auberges s'installent le long des itinéraires, qui accueillent et nourrissent les voyageurs. Ceux-ci ne bénéficient que d'un confort relatif, puisqu'ils doivent partager leur chambre, voire leur lit !

Au fil des siècles, l'amélioration des durées et des conditions des voyages est un enjeu majeur du progrès – comme elle le reste aujourd'hui. Des efforts importants seront déployés pour améliorer le réseau routier, proposer aux voyageurs des services appropriés comme les relais de poste, et apporter aux véhicules hippomobiles des innovations techniques qui permettront de faciliter leur circulation.

Ainsi, en 1775, Turgot, alors ministre des Finances du royaume, fait construire une diligence d'un nouveau type, qui ne tardera pas à être surnommée *turgotine*.

Le relais de poste : le Vélib' à l'échelle du royaume... et avec des chevaux !

Les premiers systèmes de relais de chevaux ont été mis en place dès l'Antiquité, en Chine ou dans les empires perse et romain. En France, au XVᵉ siècle, sous le règne de Louis XI, sont créés les relais de poste, dont la première fonction est militaire. C'est ensuite Louis XII qui met au point un service équivalent à l'usage des voyageurs, en 1506.

Le relais de poste est un service incroyablement moderne et pratique. C'est une sorte de station-service pour chevaux que le voyageur rencontre sur son chemin et qui lui permet de réduire sensiblement la durée de son voyage. Dans le relais de poste, il peut échanger son cheval fatigué contre un autre, plus reposé. Il peut faire nourrir sa monture, voire louer les services d'un maréchal-ferrant. Il peut également, s'il le désire, se restaurer et coucher sur place, voire suivre la messe dominicale dans la chapelle attenante à l'établissement. Naturellement, ce service s'adresse aussi aux attelages et à leurs nombreux voyageurs en carrosse.

Le réseau des relais de poste connaît un développement impressionnant : au début du XIXᵉ siècle, ce sont plus de 16 000 chevaux qui sont répartis dans plus de 1 400 relais. Un système qui sera naturellement mis à profit pour l'acheminement du courrier mais qui ne survivra pas à la concurrence du chemin de fer, à partir du début du XIXᵉ siècle.

Avec ses quatre à huit places et les six à huit chevaux qui la tirent, la *turgotine* permet une réduction considérable des temps de parcours, et met par exemple des villes comme Amiens, Rouen, Reims ou Orléans à une journée de voyage de Paris – une performance extraordinaire pour l'époque. Mais bien sûr, en dépit des énormes progrès qu'a fait le transport en commun hippomobile, celui-ci ne survivra pas au développement du chemin de fer, fondement de la révolution industrielle.

Des apprentis en voyage : les compagnons du Devoir

Le compagnonnage est né à l'époque de la construction des cathédrales, vers le XIIᵉ siècle. Il s'agissait de fournir à des apprentis une formation à des métiers traditionnels comme celui de tailleur de pierre ou de ferronnier. Cet apprentissage était basé sur la vie en communauté et le voyage, qu'on appelait alors le *tour de France*.

À une époque où l'immense majorité de la population était attachée à une seigneurie et à un lopin de terre, les compagnons constituaient une population d'artisans et d'ouvriers en mouvement, voyageant le plus souvent à pied, allant partout visiter leurs confrères pour recevoir leur formation, avant de s'établir à leur tour ou de prendre la suite d'un maître disparu. Les compagnons bravèrent parfois les interdictions et les restrictions émises par un pouvoir royal inquiet de l'existence de ces confréries organisées et internationales. Mais le mouvement se perpétua et connut son apogée au XIXᵉ siècle, avant d'être mis à mal par la révolution industrielle.

COMMENT LES VAGABONDS
DEVINRENT DES PARIAS

Au début du Moyen Âge, vagabonds, chemineaux et mendiants qui erraient par les routes étaient souvent accueillis à la table de ceux qui avaient un toit, même si l'on se méfiait toujours de l'étranger, qui parlait le patois incompréhensible d'une autre région.

Mais le développement de la délinquance et des escroqueries va démultiplier cette défiance. L'errance devient suspecte. La plupart des gens ne s'aventurent jamais au-delà des limites de leur village, et le migrant ou le voyageur sont pour eux des individus suspects. Ceux qui voyagent en groupe, comme les compagnons du Devoir ou les pèlerins, inspirent moins de défiance que les marginaux et les vagabonds, souvent suspectés d'accointances avec le Démon. Même si les préceptes chrétiens et les principes ruraux de l'hospitalité recommandent de partager son pain avec eux, on s'en méfie comme de la peste et on leur attribuera sans hésiter la responsabilité de quelque malheur survenu dans les jours ayant suivi leur passage. Au fil du temps, les vagabonds qui sillonnent les campagnes vont peu à peu être chassés et éloignés par les gardes champêtres et les gendarmes.

Les Tziganes feront souvent les frais de la haine populaire des gens du voyage et subiront une répression cruelle. Le délit de vagabondage institué par le Code pénal de 1810 n'en disparaîtra pas avant 1992.

Achevé d'imprimer par GGP Media GmbH, Pößneck
en janvier 2013
pour le compte de France Loisirs,
Paris

N° d'éditeur : 71484
Dépôt légal : septembre 2012
Imprimé en Allemagne